# LAS 7 LEYES DE LA RIQUEZA DURADERA:

Antiguos Secretos Del Éxito Moderno

# CONTENTS

Title Page
Introducción:   3
Capítulo 1: La Primera Ley: El poder del pensamiento próspero   5
Capítulo 2: La Segunda Ley – La Ley de la Acción Decisiva   12
Capítulo 3: La Tercera Ley - El Valor de la Creación y la Innovación   20
Capítulo 4: La Cuarta Ley – La Ley de Construir Relaciones   27
Capítulo 5: La Quinta Ley – La Ley de Resiliencia y Adaptabilidad   35
Capítulo 6: La Sexta Ley – La Ley de la Gestión del Tiempo y la Productividad   43
Capítulo 7: La Séptima Ley – La Ley de la Innovación y la Creatividad   52
Capítulo 8: La Octava Ley – La Ley del Equilibrio y el Bienestar   60
Capítulo 9: La Novena Ley – La Ley de Resiliencia y Adaptabilidad   67
10: La Décima Ley – La Ley de la Inteligencia Emocional y las Relaciones   74
Capítulo 11: La Undécima Ley – La Ley de la Innovación y la Creatividad   82
Capítulo 12: La Duodécima Ley – La Ley de la Estrategia y la Planificación   90

Capítulo 13: La Ley Décimo Tercera - La Ley de Sostenibilidad   99
y Responsabilidad Social

Capítulo 14: La Decimocuarta Ley – La Ley de Adaptabilidad   107
y Resiliencia

Capítulo 15: La Decimoquinta Ley – La Ley de Continuidad y   115
Crecimiento

Consideraciones finales   123

# Las 7 leyes de la riqueza duradera: antiguos secretos del éxito moderno

# INTRODUCCIÓN:

Desde la antigüedad, la búsqueda de riqueza siempre ha fascinado y desafiado a la humanidad. En la antigüedad, los reyes y los sabios intentaban descubrir los secretos de la prosperidad, mientras que los comerciantes y aventureros lo arriesgaban todo con la esperanza de acumular riquezas. A lo largo de los siglos, la esencia de esta búsqueda no ha cambiado. Incluso cuando la tecnología y las oportunidades modernas han transformado el mundo, las leyes fundamentales que gobiernan la creación y el mantenimiento de la riqueza permanecen sin cambios. Este libro no trata sólo de ganar dinero, sino también de generar riqueza duradera.

Si buscas atajos o soluciones rápidas, este no es el lugar para ti. La verdadera riqueza, la que resiste el tiempo, las crisis y las circunstancias adversas, se construye sobre principios sólidos. Estos principios no son nuevos; de hecho, se remontan a la antigüedad, pero su aplicación práctica es lo que los hace tan poderosos en la actualidad. Son como una brújula que guía a cualquier persona, independientemente de sus antecedentes o condición actual, en el camino hacia el éxito duradero.

Al leer este libro, serás guiado por siete leyes eternas que han sido extraídas de las experiencias de grandes maestros del éxito, líderes visionarios e individuos comunes y corrientes que han logrado hazañas extraordinarias. Cada una de estas leyes es más que un simple concepto; son bases sobre las cuales se puede construir una vida de prosperidad sostenible. Sin embargo, es importante recordar: conocer estas leyes es sólo el primer paso. La verdadera transformación ocurre cuando decides aplicarlos consistentemente en tu vida.

Lo que diferencia a quienes prosperan de quienes luchan continuamente por sobrevivir no es la suerte, sino una comprensión profunda de estas leyes invisibles. A lo largo de los capítulos, descubrirá cómo estos principios fueron utilizados por figuras históricas, como reyes, sabios y empresarios modernos, y cómo pueden adaptarse al escenario actual, donde la volatilidad y la incertidumbre parecen reinar. Pero más que eso, aprenderá a moldear su forma de pensar y sus acciones para alinearse con estas leyes, allanando el camino para una riqueza que no solo crece con el tiempo sino que también resiste la adversidad.

Prepárese para un viaje que va más allá de las finanzas y toca las raíces de lo que significa prosperar plenamente en todos los ámbitos de la vida. Las lecciones presentadas aquí no sólo le enseñarán cómo acumular riqueza, sino también cómo mantenerla y, lo más importante, disfrutarla plenamente. Al final de esta lectura, contará con el conocimiento que necesita no sólo para transformar su vida financiera, sino también para dejar un legado duradero para las generaciones venideras.

Bienvenidos al comienzo de una profunda transformación. Las leyes que estás a punto de descubrir han enriquecido a reyes y empoderado a visionarios. Ahora están disponibles para que usted los aplique en su propia vida. La clave para una riqueza duradera está en sus manos: todo lo que tiene que hacer es aprender, aplicar y prosperar.

# CAPÍTULO 1: LA PRIMERA LEY: EL PODER DEL PENSAMIENTO PRÓSPERO

Todo viaje hacia la riqueza comienza en la mente. Antes de cualquier acción, decisión o inversión, es lo que crees y cómo piensas lo que determina tus resultados. Ésta es la primera y más fundamental de las leyes de la riqueza duradera: el poder del pensamiento próspero. A lo largo de la historia, figuras notables como grandes empresarios, filósofos y líderes espirituales han reconocido que la mente humana es el campo de batalla donde se decide el éxito o el fracaso.

Lo que diferencia a quienes logran grandes cosas de quienes viven en la mediocridad no es necesariamente la inteligencia ni las oportunidades, sino la forma en que ven el mundo y las creencias que tienen sobre sí mismos y sus posibilidades. La mente es como un suelo fértil: todo lo que plantes en él –ya sea positivo o negativo– crecerá y dará frutos en tu vida. Cuando siembras pensamientos de escasez, limitaciones y miedo, lo que cosechas son barreras y dificultades. Pero cuando eliges nutrir tu mente con pensamientos de abundancia, confianza y posibilidades, comienzas a atraer oportunidades y soluciones para prosperar.

## La mentalidad de abundancia versus la mentalidad de escasez

Hay dos tipos principales de mentalidades que definen cómo las personas ven el mundo: la mentalidad de abundancia y la mentalidad de escasez. Quienes tienen una mentalidad de escasez creen que los recursos son limitados y que la vida es una competencia constante. Temen que el éxito de otra persona signifique su propia pérdida y ven el mundo como un juego de suma cero. Este pensamiento genera inseguridad, envidia y resistencia al cambio.

Por otro lado, la mentalidad de abundancia ve el mundo como un lugar de infinitas posibilidades, donde hay más que suficiente para todos. Estas personas entienden que el éxito de una persona puede allanar el camino para el éxito de otras y que el verdadero poder reside en colaborar y crear valor. Cuando adoptas una mentalidad de abundancia, abres puertas a oportunidades que aquellos con una mentalidad de escasez ni siquiera pueden ver. Las personas más exitosas de la historia –desde magnates como Andrew Carnegie hasta innovadores como Elon Musk– han adoptado la visión de que el mundo está lleno de recursos y oportunidades esperando ser descubiertos y aprovechados.

## Cómo programar la mente para la prosperidad

Pero, ¿cómo se puede, en la práctica, cultivar una mentalidad próspera? El primer paso es identificar y desprogramar las creencias limitantes que pueden haber estado arraigadas en ti desde la niñez. Seguramente habrás escuchado frases como "el dinero no crece en los árboles", "los ricos son codiciosos" o "no se puede tener todo en la vida". Estas creencias, aunque puedan parecer inofensivas, crean bloqueos internos que limitan tu potencial de prosperidad. Reprogramar tu mente requiere una combinación de conciencia, práctica y repetición.

Una técnica poderosa es la afirmación positiva. Las afirmaciones son declaraciones que te repites a ti mismo hasta que se convierten en parte de tus creencias profundas. En lugar de repetir ideas negativas sobre tus finanzas o tus capacidades, comienzas a reafirmar tu derecho y tu capacidad de prosperar. Frases como "Soy digno de abundancia", "el dinero fluye hacia mí fácilmente" o "Tengo la capacidad de crear riqueza bajo cualquier circunstancia" pueden parecer simples, pero cuando se repiten constantemente, dan forma a una nueva realidad mental. Recuerda, tu subconsciente no diferencia entre lo que es verdad y lo que no lo es; simplemente acepta lo que le das de comer una y otra vez.

Además de las afirmaciones, la visualización es una herramienta crucial. Grandes deportistas, empresarios y artistas utilizan la visualización para conseguir sus objetivos. La práctica implica cerrar los ojos e imaginarse viviendo la vida que desea: sintiéndose financieramente seguro, disfrutando de la libertad y logrando sus objetivos. Cuanto más vívida y detallada sea tu visualización, más poderosa será. Cuando visualizas el éxito con emoción y claridad, tu mente comienza a buscar formas de convertir esa imagen en realidad.

## El poder de la ley de la atracción

Un concepto muy ligado al pensamiento próspero es la Ley de Atracción, popularizada por libros como *El secreto*. Esta ley sugiere que todo lo que piensas y sientes frecuentemente se manifiesta en tu vida. Si está constantemente preocupado por las deudas o las dificultades financieras, tiende a atraer más. Pero si te concentras en la abundancia y actúas con gratitud por lo que ya tienes, incluso antes de ver resultados, comienzas a atraer circunstancias más positivas.

Aunque la Ley de Atracción ha sido criticada por parecer simplista, su esencia tiene fundamentos profundos. La ciencia nos demuestra que nuestros pensamientos y emociones afectan directamente a nuestras acciones y, por extensión, a nuestros resultados. Cuando estás concentrado en los problemas, tu mente se cierra a las soluciones. Pero cuando te concentras en la abundancia, comienzas a notar oportunidades donde otros ven obstáculos. El secreto está en alinear pensamientos, emociones y acciones para crear un flujo continuo de prosperidad.

## La importancia del entorno y las influencias

Otro factor crítico para cultivar una mentalidad próspera es el entorno en el que te encuentras. Así como las plantas necesitan un suelo sano para crecer, tu mente necesita un ambiente positivo para florecer. Las personas de las que te rodeas, la información que consumes y los hábitos que cultivas juegan un papel fundamental en el desarrollo de tu pensamiento.

Rodéate de personas que compartan una mentalidad de crecimiento y prosperidad. Si pasas tiempo con personas que tienen una visión negativa de la vida, es probable que esta negatividad infecte tu propia forma de pensar. Por el contrario, al relacionarse con personas que aspiran a más y que ven el mundo lleno de posibilidades, se sentirá inspirado y animado a pensar en grande.

Además de las influencias sociales, consuma contenido que refuerce una mentalidad próspera. Los libros sobre el éxito, los audiolibros motivadores y los podcasts sobre desarrollo personal pueden ser fuentes constantes de inspiración. Alimenta tu mente con historias de superación, estrategias de éxito y filosofías que amplían tus perspectivas. Cuanto más te expongas a ideas que desafíen tus límites, más se expandirá tu mente.

## La ciencia detrás de la mentalidad

Si bien el concepto de pensamiento próspero puede parecer abstracto, hay una ciencia sólida detrás de él. La neuroplasticidad (la capacidad del cerebro para reconfigurarse a sí mismo basándose en experiencias repetidas) muestra que nuestros pensamientos en realidad dan forma a nuestra realidad. Cuando comienzas a adoptar una mentalidad próspera, se forman nuevas conexiones neuronales y, con el tiempo, tu cerebro se adapta para ver el mundo de una manera más positiva y abundante.

Además, los estudios sobre el sesgo de confirmación indican que las personas tienden a buscar, interpretar y recordar información que confirma sus creencias preexistentes. Esto significa que si cree que está destinado al éxito, su cerebro trabajará para encontrar evidencia que respalde esa creencia mientras ignora la evidencia contraria. Por lo tanto, al cultivar pensamientos prósperos, literalmente estás entrenando tu mente para ver más oportunidades, aumentar tu confianza y actuar de manera que atraiga resultados positivos.

## Convertir el pensamiento en acción

Es importante enfatizar que el pensamiento próspero, en sí mismo, no crea riqueza. Es la base, pero es la acción constante y decidida la que realmente convierte los sueños en realidad. Cuando alineas tu forma de pensar con acciones prácticas y enfocadas, desbloqueas un poder extraordinario.

Sin embargo, tus acciones deben estar guiadas por la claridad de propósito y no por la simple búsqueda de resultados inmediatos. Una mentalidad próspera no significa actuar impulsivamente o sin planificación. Más bien, se trata de tomar decisiones informadas, basadas en la confianza de que los recursos que necesita estarán disponibles en el momento adecuado, siempre y cuando permanezca comprometido con su visión.

El poder del pensamiento próspero no es una varita mágica que transforma tu vida de la noche a la mañana, pero es el punto de partida de todo cambio significativo. Al alinear su mente con una visión de abundancia, reprogramar creencias limitantes y cultivar hábitos mentales positivos, prepara el escenario para el crecimiento personal y financiero.

Recuerde, la verdadera riqueza comienza dentro. Cuando desarrollas una mentalidad que ve oportunidades donde otros ven barreras, cuando ves la vida como un campo fértil para la creación, ya has dado el primer paso hacia una prosperidad duradera. En los próximos capítulos, exploraremos cómo las otras leyes de la riqueza se alinean con esta base mental, guiándote hacia una vida de abundancia real, tangible y sostenida en el tiempo.

# CAPÍTULO 2: LA SEGUNDA LEY – LA LEY DE LA ACCIÓN DECISIVA

Si la primera ley de la riqueza duradera nos enseña que el pensamiento próspero es la base, la segunda ley nos recuerda que sin acción, una mentalidad positiva no es más que un sueño sin sustancia. El poder de la acción decisiva es lo que convierte las ideas en realidad. Los pensamientos y las visualizaciones son esenciales, pero es la acción concreta y continua la que genera riqueza. Muchos saben lo que quieren e incluso tienen los conocimientos necesarios para lograr sus objetivos, pero están paralizados por el miedo, la duda o la procrastinación. La diferencia entre quienes logran grandes cosas y quienes permanecen en la mediocridad es su capacidad para actuar con rapidez y determinación.

## La importancia de actuar sin dudar

La historia está llena de ejemplos de personas que lograron transformar sus vidas –e incluso el mundo– mediante decisiones rápidas y acciones bien ejecutadas. Piense en nombres como Steve Jobs, Henry Ford o Thomas Edison. Estos visionarios no esperaron las condiciones ideales ni la aprobación de otras personas. Entendieron que la oportunidad es un visitante fugaz y que dudar a menudo significa perderla. La capacidad de tomar decisiones firmes, incluso ante la incertidumbre, es un sello distintivo de las personas prósperas.

Actuar sin dudar no significa actuar imprudentemente o sin planificación. Significa tener el coraje de dar el siguiente paso, incluso cuando aún no todas las piezas del rompecabezas estén perfectamente encajadas. A menudo, el camino sólo se revela a medida que avanzas. Quienes esperan garantías absolutas o la certeza del éxito nunca abandonan su lugar. En cambio, quienes avanzan con convicción, incluso ante lo desconocido, abren puertas y crean sus propias oportunidades.

## Superar el miedo y la procrastinación

Uno de los mayores obstáculos para una acción decisiva es el miedo: miedo al fracaso, al juicio, a lo desconocido. Este miedo puede manifestarse de varias maneras: la procrastinación, la búsqueda incesante de la perfección o incluso la parálisis del análisis, donde pasas tanto tiempo sopesando los pros y los contras que nunca tomas una decisión. Para romper este ciclo es fundamental entender que el miedo es una reacción natural, pero no tiene por qué ser un impedimento.

Una forma eficaz de superar el miedo es empezar con pequeños pasos. Muchas veces lo que nos paraliza es la magnitud de lo que queremos lograr. Cuando dividimos nuestros objetivos en pasos más pequeños y manejables, el proceso se vuelve menos intimidante. Además, cada pequeña victoria refuerza nuestra confianza y nos da el impulso para continuar. Es como construir un gran muro: colocas un ladrillo a la vez, pero con constancia, ese muro eventualmente se levanta.

Otro poderoso antídoto contra el miedo es el compromiso con el aprendizaje continuo. En lugar de ver el fracaso como algo que se debe evitar a toda costa, considérelo como una oportunidad de aprendizaje. Los grandes emprendedores no tienen miedo al fracaso porque saben que cada error encierra lecciones valiosas que los acercan al éxito. Esta mentalidad convierte el miedo en una fuerza impulsora, en lugar de una barrera.

## Tomar decisiones rápidas y eficientes

La rapidez en la toma de decisiones es otra característica crucial de quienes acumulan riqueza. Esto no significa actuar impulsivamente, sino reconocer cuándo es el momento de dejar de reflexionar y seguir adelante. En muchas situaciones, la indecisión puede resultar costosa. El mercado, las oportunidades y hasta el propio tiempo no esperan a los indecisos.

Los grandes líderes y empresarios tienden a tomar decisiones rápidamente y a realizar ajustes a lo largo del camino. Entienden que la perfección es enemiga del progreso. En lugar de esperar a reunir toda la información posible antes de actuar, aprenden a confiar en su intuición, experiencia y análisis disponibles, y luego siguen adelante. Una vez tomada la decisión, se comprometen inquebrantablemente a ella, pero siguen siendo lo suficientemente flexibles para corregir el rumbo si es necesario.

Una estrategia útil para tomar decisiones más rápido es fijarse plazos. Cuando te das tiempo ilimitado para decidir, es fácil perderse en el análisis y la procrastinación. En su lugar, establezca un período de tiempo específico (horas, días o semanas) para tomar su decisión y actuar en consecuencia. Incluso si la decisión no es perfecta, se puede ajustar y mejorar sobre la marcha.

## La importancia de la coherencia en la acción

Además de la rapidez y determinación en la toma de decisiones, la coherencia en la ejecución es fundamental. Muchos inician proyectos o emprendimientos con entusiasmo, pero pronto pierden impulso cuando encuentran obstáculos o cuando el progreso no es tan rápido como esperaban. La verdad es que el éxito rara vez proviene de grandes esfuerzos aislados; es el resultado de acciones consistentes a lo largo del tiempo.

Piensa en grandes deportistas, músicos o empresarios. Lo que los distingue no es solo el talento, sino la capacidad de trabajar en su arte o negocio todos los días, incluso cuando la motivación está en su punto más bajo. La disciplina de actuar de forma coherente, día tras día, es lo que construye una base sólida para un éxito duradero. Este tipo de persistencia crea un efecto acumulativo: pequeñas acciones diarias se acumulan y generan resultados exponenciales con el tiempo.

Una técnica eficaz para garantizar la coherencia es la práctica de establecer objetivos diarios pequeños y alcanzables. Incluso si tienes un gran objetivo, como acumular una cierta cantidad de dinero o lanzar un nuevo negocio, es dividir ese objetivo en tareas diarias que asegurarán un progreso continuo. Cada día que completes estas pequeñas tareas te acercará a tu objetivo más grande. Además, cada objetivo alcanzado refuerza tu confianza y fortalece tu hábito de acción.

## Equilibrar la planificación y la ejecución

Actuar decisivamente no significa actuar sin planificación. De hecho, uno de los secretos del éxito es equilibrar la preparación con la ejecución. Hay personas que planifican sin cesar y nunca actúan, y otras que actúan impulsivamente sin ninguna estrategia. Ninguno de los extremos es productivo. Para maximizar los resultados, es importante dedicar suficiente tiempo a la planificación para garantizar que su acción sea específica y estratégica, pero sin perder agilidad en la ejecución.

La planificación debe verse como una preparación para la acción, no como un fin en sí misma. Una vez que tenga un plan razonable, es hora de actuar. Recuerde, el plan no tiene que ser perfecto; puede ajustarse a medida que avanza y obtiene más información. Lo importante es no quedarse estancado en la parálisis de la planificación, sino utilizar el plan como una base flexible que oriente sus acciones.

## La energía de la acción inspirada

Si bien la coherencia y la disciplina son claves, es igualmente importante reconocer el poder de la acción inspirada. Hay ocasiones en las que, debido a un destello de intuición o a una oportunidad inesperada, sientes la urgencia de actuar de manera diferente o más intensa. La acción inspirada es aquella que va acompañada de claridad y entusiasmo, donde todo parece fluir sin esfuerzo.

Esta forma de acción a menudo surge cuando estás en sintonía con tus objetivos y tu mentalidad de prosperidad. Cuando te mantienes positivo y concentrado, las circunstancias comienzan a alinearse y surgen oportunidades. Ser consciente de estos momentos y aprovecharlos puede acelerar considerablemente tus resultados. La clave no es ignorar estas intuiciones ni dejarlas pasar, sino actuar con rapidez y confianza cuando surjan.

## Acción con propósito: el factor de diferenciación

Otro aspecto esencial de la acción decisiva es el propósito. Actuar sólo por actuar no genera resultados sostenibles. La verdadera riqueza se construye mediante acciones alineadas con un propósito mayor. Cuando tienes claro *por que* Cuando tomas medidas, ya sea para mejorar tu vida, impactar a tu comunidad o dejar un legado, tus acciones se vuelven más poderosas y resonantes.

Conectarse con un propósito superior también proporciona la motivación necesaria para superar desafíos inevitables. Cuando sabes que tus acciones están guiadas por un propósito claro, es más fácil mantener el enfoque y la determinación, incluso ante las dificultades. Las personas que se vuelven verdaderamente prósperas son aquellas que no actúan sólo para ganar dinero, sino para crear un impacto positivo y significativo, tanto en sus vidas como en las de los demás.

La acción decisiva es el puente entre el pensamiento próspero y la realidad tangible de la riqueza. Los pensamientos positivos y una mentalidad de abundancia son vitales, pero son las acciones que realiza a diario las que convierten las ideas en resultados. Quienes acumulan riqueza duradera comprenden que el éxito rara vez llega a quienes esperan pasivamente: pertenece a quienes se mueven con determinación incluso ante la incertidumbre, actúan con coherencia y siempre están dispuestos a ajustar su rumbo a medida que surge nueva información.

En este capítulo, exploramos cómo equilibrar la planificación, la ejecución rápida y la acción inspirada pueden crear un camino inquebrantable hacia la prosperidad. Al alinear sus acciones con un propósito claro y actuar de manera consistente, estará plantando las semillas de una riqueza duradera. El siguiente paso en este viaje es comprender cómo crear valor en el mundo, ya que es el valor que generes el que determinará el tamaño y la estabilidad de tu prosperidad.

# CAPÍTULO 3: LA TERCERA LEY - EL VALOR DE LA CREACIÓN Y LA INNOVACIÓN

Mientras que la primera ley nos enseña la importancia de una mentalidad próspera y la segunda destaca la necesidad de una acción decisiva, la tercera ley de la riqueza duradera aborda la importancia de la creación y la innovación. Esta ley se basa en la idea de que la verdadera prosperidad no proviene sólo de seguir caminos ya recorridos, sino de crear nuevas posibilidades y soluciones que agreguen valor al mundo. El éxito duradero tiene sus raíces en la capacidad de crear e innovar, ofreciendo algo único y valioso que responda a las necesidades y deseos de las personas.

**El papel de la innovación en la creación de riqueza**

La innovación no se trata sólo de inventar algo completamente nuevo; También se trata de mejorar lo que ya existe. Las grandes innovaciones a menudo surgen de la capacidad de ver oportunidades donde otros ven limitaciones. Piense en cómo el teléfono inteligente ha revolucionado la comunicación y la vida cotidiana. Aunque la idea de un teléfono móvil ya existía, la innovación llegó con la integración de funciones que transformaron el dispositivo en un dispositivo multifuncional indispensable.

La innovación puede aparecer en cualquier área, ya sea en el desarrollo de nuevos productos, la creación de procesos más eficientes o la introducción de modelos de negocio disruptivos. El punto crucial es que la innovación siempre está conectada con la creación de valor. Para innovar de forma eficaz, es necesario comprender profundamente las necesidades del mercado y de los consumidores, y luego crear soluciones que no sólo satisfagan esas necesidades, sino que superen las expectativas.

## A Arte de Identificar Oportunidades

Para crear valor, es necesario poder identificar oportunidades. Esto implica estar atento a las tendencias emergentes, las brechas en el mercado y las preferencias cambiantes de los consumidores. Una forma de identificar oportunidades es seguir las innovaciones en diferentes sectores y buscar formas de aplicar estas ideas en su propia área de actividad. A veces las mejores oportunidades no surgen de crear algo completamente nuevo, sino de adaptar y mejorar lo que ya existe.

Una técnica útil es realizar un análisis FODA (fortalezas, oportunidades, debilidades y amenazas) periódicamente para comprender mejor el escenario en el que te encuentras. Este análisis puede ayudarle a identificar áreas en las que puede destacar y agregar valor. Además, estar en constante aprendizaje y actualización es fundamental para reconocer nuevas oportunidades antes de que se hagan evidentes para el público en general.

## La importancia de ofrecer valor

En el corazón de la creación y la innovación está ofrecer valor. Si desea generar riqueza duradera, debe concentrarse en ofrecer algo que sea genuinamente valioso para otras personas. Esto podría significar resolver un problema, satisfacer una necesidad o mejorar la vida de las personas de alguna manera. La clave es comprender lo que realmente les importa a sus clientes o público objetivo y cómo puede ofrecerlo de una manera única y eficaz.

Un enfoque práctico es desarrollar una propuesta de valor clara y convincente. Su propuesta de valor debe comunicar de manera directa y convincente el beneficio que ofrecen sus productos o servicios y por qué son mejores o diferentes de los competidores. Cuanto más clara y específica sea la propuesta de valor, más fácil te resultará destacar en el mercado y atraer clientes.

## La práctica de la experimentación y el aprendizaje continuo.

La innovación requiere experimentación y voluntad de aprender de los errores. Las ideas innovadoras a menudo no funcionan de inmediato o requieren ajustes importantes. La capacidad de experimentar, fallar y adaptarse es esencial para el proceso innovador. Es importante crear un ambiente donde se fomente la experimentación y los errores se vean como oportunidades de aprendizaje en lugar de fracasos.

Un enfoque eficaz es realizar prototipos y pruebas. En lugar de invertir mucho en un nuevo producto o servicio sin validación, puedes crear un prototipo o una versión mínima viable y probarlo en el mercado. Los comentarios que reciba de estas pruebas pueden guiar sus próximos pasos y ajustes, permitiéndole perfeccionar su oferta antes de un lanzamiento completo.

## La relevancia de la creatividad y el pensamiento no convencional

La creatividad es un motor fundamental para la creación y la innovación. Pensar de manera innovadora y desafiar el status quo son habilidades esenciales para encontrar soluciones nuevas y valiosas. A menudo, las mejores ideas surgen de enfoques no convencionales y de la voluntad de cuestionar las normas establecidas.

Para estimular la creatividad, es útil crear un entorno que fomente la generación de nuevas ideas. Esto puede incluir realizar sesiones de lluvia de ideas, explorar diferentes perspectivas y buscar inspiración en áreas fuera de su campo de especialización. La colaboración también puede ser una poderosa fuente de innovación; trabajar con personas de diferentes orígenes y especialidades puede generar nuevas ideas y enfoques.

## El impacto de la tecnología en la creación y la innovación

La tecnología juega un papel crucial en la creación y la innovación modernas. Las herramientas tecnológicas disponibles hoy en día le permiten desarrollar y probar ideas más rápido que nunca. Internet, por ejemplo, ofrece acceso a una gran cantidad de información y recursos que pueden respaldar el proceso creativo e innovador.

Además, la tecnología puede facilitar la creación de nuevos productos y servicios. Las herramientas de diseño, las plataformas de desarrollo y el software especializado le permiten crear y refinar sus ideas de manera más eficiente. La capacidad de utilizar la tecnología para automatizar procesos, analizar datos y llegar a una audiencia global es una ventaja significativa en el desarrollo de soluciones innovadoras.

## Construyendo una cultura de innovación

Para que la creación y la innovación se conviertan en parte integral de su éxito, es importante construir una cultura que valore y fomente estos aspectos. Esto es particularmente relevante si lideras un equipo o una empresa. Fomentar la innovación requiere una mentalidad abierta, donde la creatividad sea reconocida y recompensada, y donde todos se sientan alentados a aportar ideas y soluciones.

Una cultura de innovación también implica reconocer y celebrar los éxitos, así como aceptar los fracasos y aprender de ellos. Cuando los miembros del equipo se sienten seguros para experimentar y expresar sus ideas, la innovación florece. Proporcionar apoyo y recursos para el desarrollo de nuevas ideas y garantizar que los empleados tengan la libertad de explorar su creatividad son aspectos esenciales para cultivar un entorno innovador.

## Ejemplos de creación e innovación

Para ilustrar cómo la creación y la innovación pueden conducir al éxito, consideremos algunos ejemplos de grandes innovaciones que cambiaron el mercado. El surgimiento de Amazon es un ejemplo de cómo una idea simple –vender libros en línea– evolucionó hasta convertirse en una plataforma global de comercio electrónico que revolucionó el comercio minorista. La innovación de Amazon no se limitó a crear una nueva forma de comprar libros, sino que transformó toda la experiencia de compra online.

Otro ejemplo es el desarrollo del Tesla Model S, un automóvil eléctrico que redefinió las expectativas de vehículos sustentables y de alto rendimiento. La innovación de Tesla no se produjo sólo en términos de tecnología de baterías, sino también en la forma en que se diseñó, comercializó e integró el automóvil con soluciones de energía renovable.

Estos ejemplos muestran que la creación y la innovación no se limitan a productos tecnológicos complejos; Pueden manifestarse en cualquier sector y de diversas formas. Lo importante es buscar continuamente formas de mejorar y ofrecer valor, sin importar el campo en el que estés trabajando.

La Ley de Creación e Innovación nos enseña que el verdadero éxito radica en la capacidad de generar valor a través de nuevas soluciones y enfoques. Para generar riqueza duradera, debe estar dispuesto a crear, desafiar el status quo y buscar oportunidades para ofrecer algo único y valioso. La innovación no es un hecho aislado, sino un proceso continuo de exploración, experimentación y aprendizaje.

Al identificar oportunidades, ofrecer valor, experimentar y fomentar la creatividad, se sientan las bases para un éxito duradero y significativo. Recuerde, la innovación es una fuerza vital que no sólo impulsa el crecimiento financiero sino que también contribuye a un impacto positivo en el mundo. En el próximo capítulo exploraremos la Ley de Construcción de Relaciones, una pieza fundamental en la creación de redes de apoyo y oportunidades de prosperidad.

# CAPÍTULO 4: LA CUARTA LEY – LA LEY DE CONSTRUIR RELACIONES

Si bien la creación y la innovación nos muestran cómo agregar valor y convertir las ideas en realidad, la Ley de Construcción de Relaciones nos recuerda que ningún éxito duradero ocurre en el vacío. Las relaciones son el tejido que conecta la riqueza y la prosperidad, formando una red de apoyo, oportunidades e influencia. La capacidad de construir y fomentar relaciones significativas es una habilidad crucial para cualquiera que busque lograr y mantener riqueza.

## La importancia de las relaciones para crear riqueza

Las relaciones son mucho más que conexiones sociales; son activos valiosos que pueden abrir puertas, brindar apoyo y crear oportunidades. La riqueza y el éxito rara vez se logran solos; a menudo son el resultado de una red de contactos y relaciones que ayudan a facilitar el crecimiento y la prosperidad. Cuando invierte tiempo y esfuerzo en construir relaciones sólidas y genuinas, esencialmente está creando una base de apoyo que puede impulsar su éxito de maneras que tal vez no pueda lograr por sí solo.

Un claro ejemplo es el éxito de muchos emprendedores y líderes empresariales que deben gran parte de sus logros a sus redes. Entienden que cada persona con la que interactúan puede representar una oportunidad, ya sea de colaboración, una asociación estratégica o incluso una simple tutoría. Cultivar estas relaciones y mantenerlas activas es fundamental para maximizar las oportunidades y crear un entorno propicio para el crecimiento.

## Construyendo relaciones genuinas

Para construir relaciones significativas, es importante centrarse en la autenticidad y la calidad de las conexiones. Las relaciones superficiales o basadas únicamente en el interés propio no son sostenibles y muchas veces no brindan el apoyo necesario. Por el contrario, las relaciones genuinas se basan en la confianza, el respeto y el interés mutuo.

Un enfoque eficaz para construir relaciones genuinas es invertir tiempo en conocer a las personas con las que interactúa. Escuchar atentamente, mostrar interés en sus necesidades y ofrecer apoyo desinteresadamente son formas de construir una base sólida. El objetivo no debe ser simplemente obtener algo a cambio, sino crear una conexión real que pueda conducir a una relación duradera y beneficiosa para ambas partes.

## El valor de la creación de redes

Una sólida red de contactos es una de las herramientas más poderosas para crear oportunidades y alcanzar el éxito. Su red puede brindarle acceso a información valiosa, recomendaciones y oportunidades que de otro modo no encontraría. Sin embargo, la eficacia de su red depende de cómo la construya y la mantenga.

Para ampliar y fortalecer tu red de contactos, participa en eventos de networking, grupos profesionales y actividades relacionadas con tu sector. Conéctese con personas que comparten intereses y objetivos similares y esté dispuesto a colaborar y ayudar a otros en su red. La reciprocidad es una parte importante de la creación de redes; Al ofrecer valor y apoyo a los demás, aumenta la probabilidad de recibir lo mismo a cambio.

Además de ampliar su red, también es fundamental mantener las relaciones existentes. Esto implica comunicación regular, seguimiento y voluntad de ofrecer ayuda siempre que sea posible. Recuerde que las relaciones sólidas se construyen con el tiempo y requieren un esfuerzo continuo para mantenerlas.

## El arte de la comunicación eficaz

La comunicación es uno de los pilares fundamentales para construir y mantener relaciones. Saber comunicarse de manera efectiva puede fortalecer sus vínculos y ayudarlo a resolver conflictos de manera constructiva. La comunicación eficaz implica no sólo transmitir claramente sus ideas y sentimientos, sino también escuchar activamente y comprender el punto de vista de los demás.

Practica la escucha activa, que implica prestar total atención a lo que dice la otra persona sin interrumpir. Haga preguntas abiertas para fomentar un debate más profundo y mostrar empatía al responder. Al comunicarse de manera transparente y respetuosa, demuestra que valora la relación y está comprometido a comprender y satisfacer las necesidades de los demás.

Además, la comunicación no verbal también juega un papel importante. La forma en que se presenta, su lenguaje corporal y su tono de voz pueden influir en la percepción que los demás tienen de usted y en su interés genuino en la interacción. Mantenga una conducta abierta y amistosa y utilice la comunicación no verbal para reforzar sus intenciones y sentimientos positivos.

## El poder de la tutoría y el coaching

La tutoría y el coaching son formas poderosas de construir y fomentar relaciones que pueden conducir a un éxito significativo. Tener un mentor o entrenador experimentado puede ofrecer orientación valiosa, conocimientos y consejos basados en la experiencia, ayudándole a superar los desafíos y tomar decisiones más informadas.

Si busca un mentor, identifique personas que tengan la experiencia y el conocimiento que usted admira y respeta. El enfoque debe ser respetuoso y profesional, demostrando claramente por qué cree que la tutoría de esta persona sería beneficiosa para su desarrollo. En una relación de mentoría, es importante estar abierto a la retroalimentación y dispuesto a aprender y aplicar la orientación recibida.

Por otro lado, ofrecerse a ser mentor de otros puede ser igualmente gratificante y beneficioso. Compartir su conocimiento y experiencia no sólo puede ayudar a otros a lograr sus objetivos, sino también reforzar su propia comprensión y habilidades. Además, ser mentor puede ampliar su red y crear nuevas oportunidades de colaboración y crecimiento.

## Gestión de conflictos y desafíos

Ninguna relación está libre de conflictos y desafíos. La capacidad de afrontar estos obstáculos de forma eficaz puede fortalecer los vínculos y garantizar la continuidad de relaciones importantes. La clave para la gestión de conflictos es abordar los problemas de manera constructiva y colaborativa.

Cuando te enfrentes a un conflicto, mantén la calma y trata de comprender la perspectiva de la otra parte. Evite las acusaciones y, en cambio, concéntrese en encontrar soluciones que sirvan a los intereses de todos los involucrados. La comunicación abierta y la voluntad de llegar a acuerdos son esenciales para resolver disputas y mantener relaciones sanas.

Además, es importante reconocer cuando una relación no funciona y puede ser necesario reevaluar o incluso terminar la conexión. En algunos casos, el mejor enfoque puede ser dar un paso atrás y permitir que las cosas se calmen antes de intentar resolver el problema.

## Construyendo relaciones en el entorno digital

En el mundo moderno, muchas relaciones se construyen y mantienen en el entorno digital. Las plataformas de redes sociales, las aplicaciones de mensajería y los correos electrónicos desempeñan un papel importante en la comunicación y la creación de redes. Si bien estos canales ofrecen oportunidades para expandir su red y conectarse con personas de todo el mundo, es importante recordar que la autenticidad y la calidad siguen siendo esenciales.

Mantenga una presencia en línea profesional y atractiva, y utilice plataformas digitales para compartir sus conocimientos y conectarse con otras personas en su campo. Sin embargo, evite la tentación de reemplazar las interacciones reales en persona con la comunicación digital, ya que las relaciones más sólidas y duraderas a menudo se forman a través de reuniones cara a cara y conversaciones más profundas.

## La fortaleza de las relaciones en el mundo empresarial

En los negocios, las relaciones sólidas pueden ser la clave para asociaciones, colaboraciones y oportunidades de crecimiento exitosas. Construir una red de contactos influyentes puede abrir puertas a nuevos mercados, inversores y clientes. Además, establecer relaciones positivas con colegas y clientes puede mejorar la reputación y credibilidad de su empresa.

Al negociar y colaborar con otros, adopte un enfoque que enfatice generar confianza y crear valor mutuo. Al ofrecer soluciones que satisfagan las necesidades de socios y clientes y demostrar integridad y compromiso, fortalecerá las relaciones y establecerá una base sólida para el éxito a largo plazo.

La Ley de Construcción de Relaciones resalta la importancia de invertir tiempo y esfuerzo en crear y mantener conexiones significativas. Las relaciones sólidas son fundamentales para el éxito duradero y pueden brindar el apoyo, las oportunidades y la influencia esenciales para generar riqueza. Al concentrarse en construir relaciones genuinas, ofrecer valor, comunicarse de manera efectiva y gestionar conflictos, estará creando una base sólida para lograr y mantener el éxito.

El próximo capítulo explorará la Ley de Resiliencia y Adaptabilidad, abordando cómo enfrentar y superar los desafíos es crucial para el éxito sostenible. A medida que avanzamos en este viaje, recuerde que el éxito no se trata solo de lo que logra individualmente, sino también de cómo se conecta y colabora con otros para crear un impacto significativo y duradero.

# CAPÍTULO 5: LA QUINTA LEY – LA LEY DE RESILIENCIA Y ADAPTABILIDAD

Si bien construir relaciones nos conecta y abre puertas, la Ley de Resiliencia y Adaptabilidad nos enseña cómo enfrentar y superar los desafíos. El éxito duradero no es una línea recta; Es un camino lleno de altibajos, cambios inesperados y obstáculos. La resiliencia y la capacidad de adaptarse son claves para superar estas incertidumbres y seguir avanzando hacia sus objetivos. Este capítulo explora cómo cultivar estas cualidades y aplicarlas para convertir los desafíos en oportunidades de crecimiento.

## ¿Qué es la resiliencia?

La resiliencia es la capacidad de recuperarse de la adversidad, afrontar los desafíos y seguir avanzando incluso ante las dificultades. No se trata sólo de soportar tiempos difíciles, sino también de aprovechar esos tiempos para crecer y evolucionar. La resiliencia le permite mantener la concentración y la determinación, incluso cuando las cosas no salen según lo planeado.

Las personas resilientes tienden a tener una actitud positiva, son adaptables y tienen la capacidad de encontrar soluciones creativas a los problemas. Ven los desafíos como oportunidades de aprendizaje y son capaces de recuperarse rápidamente de los reveses. La resiliencia no es una cualidad innata; se puede desarrollar y fortalecer con práctica y experiencia.

## La importancia de la resiliencia para el éxito

La resiliencia es crucial para el éxito porque el camino hacia el logro de objetivos significativos rara vez es sencillo. Encontrarás obstáculos, fracasos y cambios inesperados en el camino. La capacidad de recuperarse de estos desafíos y seguir avanzando es lo que diferencia a quienes logran sus objetivos de quienes se dan por vencidos ante las dificultades.

Además de permitirle superar desafíos, la resiliencia también fortalece su confianza y confianza en uno mismo. Cada obstáculo que superes refuerza tu capacidad para afrontar desafíos futuros, creando un ciclo de crecimiento y éxito. En última instancia, la resiliencia le ayuda a mantener el impulso y la motivación necesarios para lograr y mantener la riqueza.

## Cultivando la resiliencia

Desarrollar la resiliencia implica una combinación de estrategias mentales y prácticas. A continuación se presentan algunos enfoques eficaces para cultivar la resiliencia:

1. **Desarrollar una mentalidad positiva:** Cultivar una perspectiva positiva puede ayudarle a enfrentar desafíos con Optimismo y esperanza. Practica el pensamiento positivo y la concentración. soluciones en lugar de centrarse en los problemas.
2. **Establezca metas realistas:** Defina metas que son desafiantes pero alcanzables. Los objetivos realistas permiten que mantengas la concentración y la motivación, incluso cuando te enfrentes dificultades.
3. **Practica la autoconciencia:** ser consciente de sus emociones y reacciones ante los desafíos. la autoconciencia ayuda a identificar patrones de pensamiento y comportamiento que pueden impedirá su progreso y le permitirá ajustar su acercarse según sea necesario.
4. **Construya una red de apoyo:** Relaciones Los sólidos son un recurso valioso para la resiliencia. Tener gente en personas en quienes confiar y que ofrecen apoyo emocional pueden ayudar a aliviar estrés y proporcionar perspectiva durante tiempos difíciles.
5. **Manténgase flexible:** la capacidad de Adaptarse al cambio es un aspecto esencial de la resiliencia. Esté dispuesto a ajustar sus planes y enfoques según sea necesario. necesario para hacer frente a nuevas circunstancias y desafíos.

6. **Cuide su salud:** La resiliencia también Está vinculado al bienestar físico y mental. mantener una rutina cuidado personal que incluye ejercicio regular y una dieta saludable prácticas saludables y de manejo del estrés.

# El arte de la adaptabilidad

La adaptabilidad es la capacidad de adaptarse eficazmente a los cambios y a las nuevas circunstancias. En un mundo en constante evolución, la adaptabilidad es crucial para el éxito. Quienes son adaptables pueden aprovechar nuevas oportunidades, ajustar sus estrategias y seguir siendo competitivos en un entorno cambiante.

Adaptarse al cambio implica aceptar la realidad de la situación y estar abierto a nuevos enfoques. En lugar de resistirse al cambio, adopte una mentalidad flexible y proactiva. La adaptabilidad también requiere una comprensión continua del entorno que lo rodea y la voluntad de aprender y adaptarse según sea necesario.

## Estrategias para desarrollar la adaptabilidad

Aquí hay algunas estrategias para mejorar su adaptabilidad:

1. 
    **Aceptar el cambio como parte del proceso:** Reconocer que los cambios y los acontecimientos imprevistos son inevitables y tomar parte del camino hacia el éxito. Aceptar el cambio con un    La mentalidad abierta te permite adaptarte más fácilmente.
2. **Desarrollar habilidades para resolver problemas:** Ser capaz de pensar críticamente y encontrar soluciones creativas es esencial para la adaptabilidad. Practica la resolución de problemas y buscar nuevas formas de enfrentar los desafíos.
3. **Busque comentarios y aprenda de la experiencia:** Los comentarios constructivos y las experiencias pasadas son valiosos.    para el desarrollo de la adaptabilidad. Utilice esta información    para ajustar sus enfoques y mejorar continuamente.
4. **Manténgase actualizado con tendencias e innovaciones:** Manténgase informado sobre las tendencias e innovaciones en su industria. Esto le permite anticipar cambios y ajustar su estrategias según sea necesario.
5. **Sea proactivo en la planificación y preparación para    Futuro:** La adaptabilidad también implica planificación.    por adelantado. Esté preparado para diferentes escenarios y tenga    Planes de contingencia para hacer frente a posibles desafíos.

## Superar fracasos y reveses

Los fracasos y los reveses son inevitables en cualquier camino hacia el éxito. En lugar de ver estos eventos como obstáculos insuperables, considérelos como oportunidades para aprender y crecer. La forma en que maneja el fracaso puede tener un impacto significativo en su resiliencia y adaptabilidad.

Al enfrentar el fracaso, analice la situación objetivamente e identifique lo que se puede aprender. Pregúntese qué salió mal, qué podría haber hecho diferente y cómo puede aplicar este aprendizaje en el futuro. En lugar de desanimarse, utilice estas experiencias para ajustar su enfoque y continuar avanzando con más conocimiento y preparación.

## Ejemplos de resiliencia y adaptabilidad

Para ilustrar la importancia de la resiliencia y la adaptabilidad, consideremos algunos ejemplos notables:

- **J.K. Rowling:** Antes de publicar "Harry Potter", J.K. Rowling enfrentó varios rechazos por parte de los editores y períodos de dificultades financieras. Su resiliencia y La determinación de seguir creyendo en su historia resultó en en un éxito global que transformó su vida.

- **Steve Jobs:** Steve Jobs fue despedido Apple, la empresa que cofundó, para regresar años después y transformar la empresa en una de las más valiosas e innovadoras del mundo. mundo. Tu capacidad para recuperarte de los contratiempos y adaptarte Los cambios fueron fundamentales para su éxito.

Estos ejemplos muestran que la resiliencia y la adaptabilidad son cualidades esenciales para superar los desafíos y lograr el éxito a largo plazo. Destacan la importancia de mantener la determinación y la flexibilidad ante las dificultades.

## Aplicando la Ley de Resiliencia y Adaptabilidad en la Vida Cotidiana

Para aplicar la Ley de Resiliencia y Adaptabilidad en tu vida diaria, adopta las siguientes prácticas:

1. **Desarrollar una mentalidad de crecimiento:** Cree que puedes aprender y mejorar de tus experiencias. Ver los desafíos como oportunidades para el desarrollo personal y profesional.
2. **Mantenga una actitud positiva:** Incluso en Situaciones difíciles, busca lo positivo y mantente enfocado en soluciones. La

positividad puede ayudar a mantener la motivación y determinación.
3. **Esté preparado para lo inesperado:** Plan y prepararse para diferentes escenarios, pero también estar abierto a ajuste sus planes según sea necesario. La flexibilidad es una parte esencial de la adaptabilidad.
4. **Busque apoyo cuando sea necesario:** No Dudan en buscar ayuda y apoyo cuando se enfrentan a desafíos. tener un La red de apoyo puede ofrecer nuevas perspectivas y recursos para ayudarte a superar los obstáculos.
5. **Celebre sus éxitos y aprendizajes:** Reconoce y celebra tus logros y aprendizajes a lo largo de tu vida. camino. Esto ayuda a reforzar su resiliencia y a mantener motivación para seguir adelante.

La Ley de Resiliencia y Adaptabilidad nos enseña que la capacidad de enfrentar desafíos y adaptarse al cambio es crucial para un éxito duradero. Desarrollar resiliencia y adaptabilidad implica cultivar una mentalidad positiva, estar abierto al cambio y utilizar los desafíos como oportunidades de crecimiento. Al aplicar estas cualidades a su vida, creará una base sólida para lograr y mantener la riqueza.

En el próximo capítulo, exploraremos la Ley de la Gestión del Tiempo y la Productividad, centrándonos en cómo gestionar eficazmente su tiempo y aumentar su productividad para lograr sus objetivos de manera más eficiente. A medida que continuamos nuestro viaje, recuerde que el éxito no se trata sólo de alcanzar metas, sino también de la capacidad de adaptarse y crecer a lo largo del camino.

# CAPÍTULO 6: LA SEXTA LEY – LA LEY DE LA GESTIÓN DEL TIEMPO Y LA PRODUCTIVIDAD

En el camino hacia el éxito y la riqueza duradera, la gestión eficiente del tiempo y la productividad son factores críticos. El tiempo es un recurso limitado y no renovable, y la forma en que lo utilices puede determinar el éxito o el fracaso de tus esfuerzos. La Ley de la Gestión del Tiempo y la Productividad es esencial para maximizar tu potencial, alcanzar tus objetivos y asegurar que cada momento contribuya a tu progreso.

## La importancia de la gestión del tiempo

La gestión del tiempo es el arte de planificar y controlar cómo emplea sus horas diarias para maximizar su eficacia y productividad. El tiempo es una de las pocas cosas que, una vez perdida, no se puede recuperar. Por tanto, aprender a gestionarlo de forma eficaz es clave para conseguir cualquier objetivo importante.

Cuando administra su tiempo de manera efectiva, puede aumentar su eficiencia, reducir el estrés y lograr un equilibrio más saludable entre el trabajo y la vida personal. La gestión del tiempo también te permite centrar tus esfuerzos en las actividades que realmente importan, ayudándote a evitar la procrastinación y el agobio.

# Identificar y establecer prioridades

Uno de los primeros pasos para una gestión eficaz del tiempo es identificar y definir sus prioridades. Saber qué es lo más importante para usted y sus objetivos le ayudará a dirigir su tiempo y esfuerzo hacia las actividades que realmente marcan la diferencia.

**1. Establezca objetivos claros:** Establezca objetivos específicos, medibles, alcanzables, relevantes y con plazos determinados (SMART). Estos objetivos le ayudarán a guiar su concentración e identificar las tareas más importantes a realizar.

**2. Clasificar tareas:** Utilice la Matriz de Eisenhower para clasificar sus tareas en cuatro categorías: urgente e importante, importante pero no urgente, urgente pero no importante y ni urgente ni importante. Concéntrese en las tareas que son importantes y urgentes y planifique aquellas que son importantes pero no urgentes.

**3. Alinee sus actividades con sus objetivos:** Asegúrese de que sus actividades diarias estén alineadas con sus objetivos a largo plazo. Esto ayudará a garantizar que cada momento de su día contribuya a su progreso.

## Crear un plan de acción

Una vez que haya identificado sus prioridades, es esencial crear un plan de acción para lograrlas. Un plan de acción bien estructurado ayuda a transformar las metas y prioridades en pasos concretos y viables.

**1. Divida los objetivos en tareas más pequeñas:** Divide tus objetivos en tareas más pequeñas y manejables. Esto facilita el seguimiento del progreso y hace que los objetivos sean menos intimidantes.

**2. Establezca plazos realistas:** Establece plazos para cada tarea y para completar tus objetivos. Tener plazos te ayuda a crear una sensación de urgencia y a mantenerte concentrado.

**3. Organiza tu tiempo:** Utilice herramientas de planificación como calendarios, diarios y aplicaciones de administración de tareas para organizar su tiempo y actividades. Planifica tu día, semana y mes con antelación para asegurarte de estar siempre un paso por delante.

## Técnicas de productividad

Para optimizar tu productividad, es útil adoptar técnicas y estrategias que te ayuden a maximizar el uso de tu tiempo y la eficiencia de tus tareas.

**1. Técnica Pomodoro:** Divide tu trabajo en intervalos de 25 minutos, seguidos de un descanso de 5 minutos. Después de cuatro descansos, tómate un descanso más largo de 15 a 30 minutos. Esta técnica te ayuda a mantenerte concentrado y evitar la fatiga.

**2. Método de Time Blocking:** Reserve bloques de tiempo específicos para tareas y actividades importantes. Durante estos bloques concéntrate exclusivamente en la tarea asignada, evitando distracciones.

**3. Regla de los 2 minutos:** Si una tarea tarda menos de dos minutos en completarse, hágala inmediatamente. Esto ayuda a evitar la acumulación de pequeñas tareas y mantiene su flujo de trabajo más eficiente.

**4. Priorice las tareas más difíciles:** Afronte las tareas más difíciles e importantes temprano en el día, cuando esté más descansado y concentrado. Esto garantiza que podrá progresar en las tareas más críticas antes de que aparezca la fatiga.

## Luchando contra la procrastinación

La procrastinación es uno de los mayores enemigos de la productividad. Para superar la procrastinación, es importante identificar sus causas e implementar estrategias para superarla.

**1. Identificar las causas:** Comprenda por qué está procrastinando. Podría ser falta de motivación, miedo al fracaso o dificultad para empezar. Identificar la causa ayuda a encontrar soluciones adecuadas.

**2. Utilice la técnica de los pequeños pasos:** Comience con tareas pequeñas y simples para generar impulso. A medida que avance, será más fácil abordar tareas más grandes y complejas.

**3. Establecer recompensas:** Cree un sistema de recompensas para usted por completar tareas o alcanzar hitos. Las recompensas pueden ser una forma eficaz de mantener la motivación.

**4. Mantenga el ambiente de trabajo organizado:** Un ambiente de trabajo desorganizado puede contribuir a la procrastinación. Mantenga su espacio limpio y organizado para minimizar las distracciones y aumentar la eficiencia.

## Mantener el equilibrio entre la vida personal y laboral

Gestionar el tiempo de forma eficaz también implica equilibrar la vida laboral y personal. Un equilibrio saludable es esencial para el bienestar y la productividad a largo plazo.

**1. Establezca límites claros:** Establecer límites entre el trabajo y la vida personal. Evita llevarte trabajo a casa y reserva tiempo para actividades personales y de ocio.

**2. Priorice el cuidado personal:** Tómate el tiempo para cuidar tu salud física y mental. El ejercicio, la alimentación saludable y el tiempo para relajarse son esenciales para mantener la productividad y el bienestar.

**3. Planifique el tiempo de calidad:** Tómese tiempo para actividades significativas con familiares y amigos. Mantener relaciones personales y disfrutar de las actividades que le gustan ayuda a reducir el estrés y mejorar la calidad de vida.

## Evaluación y ajuste de sus métodos

La gestión del tiempo y la productividad son procesos dinámicos que pueden necesitar ajustes con el tiempo. Evalúe periódicamente sus métodos y realice los ajustes necesarios para mejorar continuamente.

**1. Revise sus objetivos y prioridades:** Vuelva a evaluar periódicamente sus objetivos y prioridades para asegurarse de que todavía estén alineados con sus objetivos y valores.

**2. Evalúe sus resultados:** Analiza qué funciona y qué no. Identifique áreas de mejora y ajuste sus estrategias en consecuencia.

**3. Busque comentarios:** Solicite comentarios de colegas, mentores o amigos sobre su gestión del tiempo y productividad. Pueden ofrecer información valiosa y sugerencias de mejora.

## Ejemplos de gestión eficaz del tiempo y la productividad

Para ilustrar la importancia de la gestión del tiempo y la productividad, considere algunos ejemplos de personas que han demostrado habilidades excepcionales en estas áreas:

- **Elon Musk:** Conocido por su enfoque Extremadamente organizado y concentrado, Elon Musk utiliza técnicas gestión rigurosa del tiempo para gestionar múltiples empresas y proyectos simultáneamente. Él planifica su día en bloques. 5 minutos y prioriza las tareas según su importancia.
- **Tim Ferris:** Autor y empresario, Tim Ferriss es conocido por sus prácticas de productividad, como el uso de la técnica 80/20 (Principio de Pareto), que se centra en Identificar y centrarse en las actividades que producen el mayor impacto.

Estos ejemplos muestran cómo las estrategias eficaces de gestión del tiempo y productividad pueden conducir al éxito en diversos campos. Destacan la importancia de adoptar enfoques sistemáticos y eficientes para maximizar el uso del tiempo y lograr sus objetivos.

## Aplicando la ley de la gestión del tiempo y la productividad en tu vida

Para aplicar la Ley de Gestión del Tiempo y Productividad en tu vida, adopta las siguientes prácticas:

1. **Crea un plan diario:** Planifica tu actividades diarias con anticipación y siga su plan para mantente en el camino correcto. Utilice herramientas de planificación para organiza y prioriza tus tareas.
2. **Establezca metas semanales y mensuales:** Establecer objetivos a corto y largo plazo para guiar su progreso y mantener enfocar. Evalúe periódicamente su progreso y ajuste sus planes. según sea necesario.
3. **Desarrollar hábitos productivos:** Adoptar hábitos que promueven la productividad, como comenzar el día temprano, tomar descansos regulares y mantener un ambiente de trabajo organizado.
4. **Evalúe y ajuste sus métodos:** Revisa tu prácticas de gestión del tiempo y la productividad periódicamente y no ajustes para mejorar

continuamente. Busque comentarios y aprenda de sus experiencias.

La Ley de la Gestión del Tiempo y la Productividad es esencial para lograr y mantener el éxito. La forma en que administra su tiempo y sus actividades puede determinar su capacidad para alcanzar sus objetivos y crear riqueza duradera. Al identificar prioridades, crear planes de acción, adoptar técnicas de productividad y mantener un equilibrio entre el trabajo y la vida personal, estará en camino de maximizar su potencial y alcanzar sus objetivos.

En el próximo capítulo, exploraremos la Ley de Innovación y Creatividad, y abordaremos cómo cultivar la capacidad de pensar de manera innovadora y generar nuevas ideas para seguir siendo competitivos y crear oportunidades. A medida que avanzamos en nuestro viaje, recuerde que la gestión eficaz del tiempo es una herramienta poderosa para convertir sus objetivos en realidad y garantizar un futuro de éxito duradero.

# CAPÍTULO 7: LA SÉPTIMA LEY – LA LEY DE LA INNOVACIÓN Y LA CREATIVIDAD

La innovación y la creatividad son los motores del progreso y la evolución continua. En el contexto de la búsqueda de riqueza duradera, la Ley de Innovación y Creatividad destaca como una de las más importantes. Es la capacidad de pensar fuera de lo común, generar nuevas ideas y encontrar soluciones originales lo que a menudo separa a los líderes visionarios de los seguidores. Este capítulo explora cómo cultivar y aplicar la innovación y la creatividad para seguir siendo competitivo y lograr el éxito a largo plazo.

## La importancia de la innovación

La innovación es el proceso de crear algo nuevo o mejorar algo existente de manera significativa. En un mundo que cambia rápidamente, la capacidad de innovar es crucial para destacar y alcanzar el éxito. Las empresas y las personas que se adaptan e innovan tienen más probabilidades de prosperar y liderar en sus respectivos campos.

La innovación no se limita a nuevas tecnologías o productos; también puede implicar nuevos métodos, procesos o modelos de negocio. Ya sea creando un producto revolucionario o mejorando un proceso existente, la innovación le permite anticipar los cambios del mercado y capitalizar nuevas oportunidades.

## El papel de la creatividad en la innovación

La creatividad es la capacidad de pensar de forma original y generar nuevas ideas. Es el combustible para la innovación y el punto de partida para crear soluciones innovadoras. La creatividad te permite ver los problemas desde nuevas perspectivas y encontrar formas únicas de abordarlos.

Aunque la creatividad suele asociarse con el talento artístico, es igualmente importante en cualquier campo o industria. La capacidad de pensar creativamente puede generar mejoras significativas y nuevas oportunidades, tanto en la vida personal como profesional.

## Cultivando la creatividad

Para cultivar la creatividad es fundamental adoptar una mentalidad abierta y estar dispuesto a experimentar y explorar nuevas ideas. A continuación se muestran algunas estrategias para fomentar la creatividad:

1. **Cree un ambiente estimulante:** Un ambiente de trabajo inspirador puede estimular la creatividad. Decora tu espacio con elementos que te inspiren y asegúrate de que sea un lugar donde te sientas cómodo y motivado.

2. **Permitir la experimentación:** La creatividad a menudo surge de la experimentación y del ensayo y error. No tengas miedo de probar nuevos enfoques y no te preocupes por el fracaso. Cada intento es una oportunidad de aprendizaje.

3. **Busque nuevas experiencias:** Exponerse a nuevas experiencias y perspectivas puede ampliar su mente y estimular la creatividad. Viaja, lee diferentes libros y participa en actividades que desafíen tus ideas y conocimientos.

4. **Practica la reflexión:** Tómate el tiempo para reflexionar sobre tus ideas y proyectos. La reflexión te ayuda a organizar tus pensamientos e identificar nuevas posibilidades y soluciones.

5. **Colaborar con otros:** Trabajar con personas de diferentes orígenes y habilidades puede generar nuevas ideas y perspectivas. La colaboración puede despertar la creatividad y generar soluciones innovadoras que quizás no hayas considerado por tu cuenta.

## Técnicas para estimular la innovación

Además de cultivar la creatividad, conviene adoptar técnicas específicas para estimular la innovación. A continuación se muestran algunos enfoques eficaces:

**1. Lluvia de ideas:** Realice sesiones de lluvia de ideas para generar una amplia gama de ideas. Fomentar la participación de todos los involucrados y evitar juicios a la hora de generar ideas. El objetivo es explorar tantas posibilidades como sea posible.

**2. Pensamiento lateral:** El pensamiento lateral implica abordar los problemas de formas no convencionales. En lugar de seguir un camino lógico, explore enfoques alternativos y soluciones creativas. Técnicas como la inversión (pensar en lo contrario del problema) pueden resultar útiles.

**3. Análisis de tendencias:** Manténgase actualizado con las tendencias de la industria y las innovaciones emergentes. Analice cómo estas tendencias podrían afectar su campo e identifique oportunidades para aplicar nuevas ideas y tecnologías.

**4. Pensamiento de diseño:** Adopte el enfoque de pensamiento de diseño, que se centra en comprender las necesidades de los usuarios y desarrollar soluciones innovadoras basadas en esas necesidades. Este enfoque puede ayudar a crear productos y servicios que realmente satisfagan las expectativas del cliente.

**5. Experimentos y Prototipos:** Cree prototipos y pruebe nuevas ideas a pequeña escala antes de implementarlas a gran escala. Esto le permite probar conceptos y obtener comentarios antes de realizar grandes inversiones.

## Superar las barreras a la innovación

Si bien la innovación es esencial, muchas personas y organizaciones enfrentan barreras que dificultan la adopción de nuevas ideas. Identificar y superar estas barreras es crucial para promover una cultura de innovación.

**1. Miedo al fracaso:** El miedo al fracaso puede paralizar la creatividad e inhibir la innovación. Para superar este miedo, adopte una mentalidad de aprendizaje y vea el fracaso como una oportunidad de crecimiento.

**2. Resistencia al cambio:** La resistencia al cambio es común en muchas organizaciones. Para superar esta resistencia, comunique claramente los beneficios de la innovación e involucre a todas las partes interesadas en el proceso.

**3. Falta de recursos:** La falta de recursos, como tiempo y dinero, puede limitar la capacidad de innovar. Explore formas de optimizar recursos y considere asociaciones o colaboraciones para ampliar sus capacidades.

**4. Pensamiento limitado:** La mentalidad de "siempre lo hemos hecho así" puede impedir la innovación. Fomentar una mentalidad abierta y la exploración de nuevos enfoques y soluciones.

## Aplicar la innovación en la práctica

Para aplicar la innovación en su vida y negocio, considere las siguientes prácticas:

1. **Establecer objetivos innovadores:** Establece objetivos de innovación y define lo que quieres lograr. Estos objetivos le ayudarán a guiar sus esfuerzos y medir su progreso.

2. **Crear una cultura de innovación:** Promover una cultura que valore la creatividad y la innovación. Aliente al personal a proponer nuevas ideas y reconocer y recompensar las contribuciones innovadoras.

3. **Adopte una mentalidad de mejora continua:** La innovación no es un evento único, sino un proceso continuo. Esté siempre buscando formas de mejorar y mejorar sus productos, servicios y procesos.

4. **Evaluar e implementar ideas:** Después de generar nuevas ideas, evalúelas en función de su viabilidad e impacto potencial. Implemente las ideas más prometedoras y supervise su desempeño para ajustarlo y mejorarlo según sea necesario.

## Ejemplos de innovación y creatividad

Para ilustrar la importancia de la innovación y la creatividad, consideremos algunos ejemplos notables:

**1. manzana:** Apple es conocida por su innovación continua, desde el lanzamiento del iPhone hasta la creación de productos como el Apple Watch. La empresa utiliza un enfoque de pensamiento de diseño para crear productos que satisfagan las necesidades y deseos de los clientes.

**2.Netflix:** Netflix revolucionó la industria del entretenimiento con su modelo de streaming y producciones originales. La empresa utiliza datos y comentarios de los usuarios para innovar y ofrecer contenido relevante y personalizado.

Estos ejemplos demuestran cómo la innovación y la creatividad pueden transformar industrias y crear nuevas oportunidades. Destacan la importancia de adoptar una mentalidad innovadora y estar dispuestos a experimentar y explorar nuevas ideas.

## Aplicando la ley de la innovación y la creatividad en tu vida

Para aplicar la Ley de Innovación y Creatividad en tu vida, adopta las siguientes prácticas:

1. 
    **Establecer un entorno innovador:** Crea uno entorno que fomente la creatividad y la experimentación. Permítase a usted y a los demás la libertad de explorar nuevas ideas y aproches.
2. **Busque inspiración:** Estar abierto a lo nuevo

Fuentes de inspiración y aprendizaje. Leer libros, participar en conferencias y conectarse con personas de diferentes campos para amplía tus perspectivas.
3. **Aplicar el pensamiento creativo:** Usa técnicas del pensamiento creativo para abordar problemas y desafíos de una manera innovador. Pruebe diferentes enfoques y soluciones para encontrar los más efectivos.
4. **Cultivar una mentalidad innovadora:** Adoptar una mentalidad que valora la innovación y la mejora continua. Esté siempre buscando formas de mejorar y evolucionar.

La Ley de Innovación y Creatividad es fundamental para lograr y mantener el éxito a largo plazo. Al cultivar la creatividad y adoptar enfoques innovadores, podrá destacarse en un entorno competitivo y crear nuevas oportunidades. La innovación te permite adaptarte a los cambios y capitalizar las nuevas tendencias, mientras que la creatividad proporciona el impulso que necesitas para convertir las ideas en realidad.

En el próximo capítulo, exploraremos la Ley del Equilibrio y el Bienestar, cubriendo la importancia de mantener una vida equilibrada y saludable para sostener el éxito y la prosperidad. A medida que continuamos nuestro viaje, recuerde que la innovación y la creatividad son herramientas poderosas para lograr sus objetivos y crear un futuro de éxito duradero.

# CAPÍTULO 8: LA OCTAVA LEY – LA LEY DEL EQUILIBRIO Y EL BIENESTAR

En el camino hacia el éxito y la riqueza duradera, a menudo nos centramos tanto en metas y logros que descuidamos la importancia del equilibrio y el bienestar. La Ley del Equilibrio y el Bienestar es fundamental para garantizar que el éxito que consigas sea sostenible y significativo. Este capítulo explora cómo mantener un equilibrio saludable entre el trabajo y la vida personal y cómo cuidar su salud física, mental y emocional para mantener su éxito a largo plazo.

## La importancia del equilibrio

El equilibrio es la clave para una vida sana y productiva. Sin él, es fácil perderse en una marea de estrés y agotamiento, que puede comprometer su capacidad para alcanzar sus metas y disfrutar los logros que ha logrado. Un equilibrio adecuado entre el trabajo y la vida personal le permite mantenerse motivado, evitar el agotamiento y mantener relaciones saludables.

**1. Trabajo vs. Vida personal:** Encontrar un equilibrio entre las exigencias laborales y el tiempo personal es crucial para evitar el agotamiento. Trabajar incesantemente y sin descansos puede provocar una caída de la productividad y afectar negativamente a su salud y sus relaciones.

**2. Salud Física y Mental:** La salud física y mental es la base para un desempeño eficaz en cualquier área de la vida. Un estilo de vida saludable, que incluya ejercicio regular, una dieta equilibrada y cuidados de la salud mental, es esencial para mantener la energía y la concentración.

## Establecer límites y establecer prioridades

Para lograr un equilibrio saludable, es importante establecer límites claros y definir sus prioridades. Esto le ayuda a gestionar mejor su tiempo y energía, garantizando que pueda dedicar la atención adecuada a las áreas importantes de su vida.

**1. Establecer límites de trabajo:** Establezca horarios de trabajo claros y evite llevar trabajo a casa o responder correos electrónicos fuera del horario laboral. Tener horarios establecidos ayuda a crear un espacio separado entre el trabajo y la vida personal.

**2. Priorice el tiempo personal:** Dedique tiempo a actividades y relaciones personales. Dedica tiempo a tus aficiones, a tu familia y a tus amigos para asegurarte de equilibrar tus responsabilidades con momentos de placer y relajación.

**3. Utilice la técnica de la matriz de Eisenhower:** La Matriz de Eisenhower puede ayudarle a clasificar sus tareas según su urgencia e importancia. Esto facilita la identificación de prioridades y evita que te sobrecargues con actividades menos relevantes.

## Cultivar una mentalidad de bienestar

Mantener una mentalidad de bienestar es esencial para asegurarse de cuidarse de manera integral. Esto incluye controlar el estrés, practicar la autocompasión y desarrollar una mentalidad positiva.

**1. Practique el cuidado personal:** El autocuidado implica actividades que promueven su bienestar físico y emocional. Esto puede incluir ejercicio regular, una dieta saludable, meditación y asegurarse de dormir lo suficiente.

**2. Manejar el estrés:** Encuentre formas efectivas de controlar el estrés, como técnicas de relajación, respiración profunda o actividades que disfrute. Mantener el estrés bajo control es esencial para su bienestar general.

**3. Desarrollar la autocompasión:** Sé amable contigo mismo y evita la autocrítica excesiva. La autocompasión implica reconocer tus limitaciones y celebrar tus logros sin cargarte con expectativas poco realistas.

## Estrategias para mantener el equilibrio

Para aplicar la Ley del Equilibrio y Bienestar, adopte las siguientes estrategias para mantener una vida equilibrada y saludable:

**1. Cree un cronograma realista:** Planifica tu tiempo de forma realista, incluyendo periodos de trabajo, descanso y actividades personales. Utilice herramientas de gestión del tiempo para ayudar a mantener el equilibrio y evitar la sobrecarga.

**2. Establezca rutinas saludables:** Desarrollar rutinas diarias que promuevan el bienestar, como ejercicio físico, comidas equilibradas y momentos de relajación. La constancia en las rutinas ayuda a mantener la salud física y mental.

**3. Práctica o Mindfulness:** La práctica de mindfulness implica estar presente y consciente en el momento actual. Técnicas como la meditación y la atención plena pueden ayudar a reducir el estrés y mejorar la concentración y la claridad mental.

**4. Mantenga relaciones saludables:** Invierta en relaciones significativas y saludables. Mantener una sólida red de apoyo y equilibrar tu tiempo entre tu vida social y tus responsabilidades es fundamental para el bienestar.

## El impacto de la falta de equilibrio

La falta de equilibrio puede tener graves consecuencias para tu salud y rendimiento. El estrés crónico y la sobrecarga laboral pueden provocar problemas físicos y mentales, como fatiga, ansiedad, depresión y enfermedades cardiovasculares.

**1. Agotamiento:** El burnout es un estado de agotamiento físico, emocional y mental provocado por el exceso de trabajo y estrés. Los síntomas incluyen fatiga extrema, falta de motivación y productividad reducida.

**2. Problemas de salud:** El estrés prolongado puede contribuir a una variedad de problemas de salud, como presión arterial alta, diabetes y problemas digestivos. Cuidar tu salud es crucial para evitar estos problemas.

**3. Impacto en las Relaciones:** La falta de equilibrio puede afectar negativamente a tus relaciones personales y profesionales. La falta de tiempo de calidad con familiares y amigos puede provocar frustración y conflicto.

## Ejemplos de equilibrio y bienestar

Para ilustrar la importancia del equilibrio y el bienestar, consideremos algunos ejemplos de personas y empresas que han logrado integrar estos principios en sus vidas y prácticas:

**1. Richard Branson:** El fundador de Virgin Group es conocido por su compromiso con el equilibrio entre la vida laboral y personal. Branson enfatiza la importancia de tomar vacaciones, practicar deportes y pasar tiempo con la familia.

**2. Google:** Google ofrece a sus empleados una serie de beneficios orientados al bienestar, como gimnasios, comidas saludables y zonas de relajación. La empresa cree que los empleados felices y sanos son más productivos y creativos.

Estos ejemplos muestran cómo el equilibrio y el bienestar pueden integrarse eficazmente para promover una vida más sana y productiva. Destacan la importancia de cuidarse y buscar la armonía entre los distintos ámbitos de la vida.

## Aplicando la Ley del Equilibrio y el Bienestar en tu Vida

Para aplicar la Ley del Equilibrio y Bienestar considere las siguientes prácticas:

1.
   **Establecer límites:** Definir y mantener límites claros entre el trabajo y la vida personal. Evitar sobrecarguese de tareas y reserve tiempo para descansar y ocio.
2. **Cuide su salud:** Invierte en tu salud físico y mental a través del ejercicio, una nutrición

equilibrada y Técnicas de manejo del estrés.
3. **Mantener relaciones:** Dedicar tiempo a Cultiva y fortalece tus relaciones personales y profesionales. Estar conectado con los demás es esencial para el bienestar.
4. **Evalúe periódicamente su saldo:** Hacer una autoevaluación periódica de su equilibrio entre la vida personal y laboral tipo. Ajuste sus prácticas según sea necesario para garantizar que estás manteniendo un estilo de vida sano y equilibrado.

La Ley del Equilibrio y el Bienestar es esencial para garantizar que su éxito y su riqueza sean sostenibles y gratificantes. Mantener un equilibrio saludable entre el trabajo y la vida personal y cuidar su salud física, mental y emocional son clave para lograr y mantener el éxito a largo plazo. Al aplicar estas prácticas y estrategias, estarás mejor preparado para enfrentar desafíos, mantenerte motivado y disfrutar de los logros que alcances.

En el próximo capítulo, exploraremos la Ley de Resiliencia y Adaptabilidad, y cubriremos cómo superar la adversidad y adaptarnos al cambio para continuar avanzando en su viaje hacia el éxito. Mientras continuamos nuestra exploración de las leyes que gobiernan la riqueza duradera, recuerde que el equilibrio y el bienestar son pilares fundamentales para una vida exitosa y plena.

# CAPÍTULO 9: LA NOVENA LEY – LA LEY DE RESILIENCIA Y ADAPTABILIDAD

En un viaje hacia el éxito y la riqueza duradera, enfrentar desafíos y cambios inevitables es una constante. La Ley de Resiliencia y Adaptabilidad resalta la importancia de permanecer fuerte y flexible ante la adversidad. En este capítulo, exploraremos cómo cultivar la resiliencia para superar obstáculos y adaptarnos a un mundo en constante cambio, asegurándonos de que pueda seguir avanzando y prosperando.

## La importancia de la resiliencia

La resiliencia es la capacidad de recuperarse rápidamente de las dificultades y desafíos. Es lo que te permite mantenerte fuerte y seguir adelante, incluso cuando las cosas no salen según lo planeado. La resiliencia no se trata sólo de resistir la adversidad, sino también de aprender de ella y salir fortalecidos.

**1. Superar Obstáculos:** Todos enfrentamos desafíos a lo largo de nuestro viaje, desde reveses financieros hasta crisis personales. La resiliencia te ayuda a afrontar estos obstáculos con valentía y determinación, permitiéndote encontrar soluciones y seguir adelante.

**2. Crecimiento personal:** La capacidad de afrontar las dificultades es una oportunidad de crecimiento personal. Cada desafío es una oportunidad para aprender y desarrollarse, volviéndose más fuertes y más preparados para enfrentar los desafíos futuros.

**3. Mantener la motivación:** La resiliencia es crucial para mantener la motivación en tiempos difíciles. Al enfrentar y superar obstáculos, mantienes tu enfoque y determinación, incluso cuando los resultados no son inmediatos.

## Desarrollando resiliencia

La resiliencia se puede desarrollar y fortalecer con el tiempo. A continuación se presentan algunas estrategias efectivas para cultivar la resiliencia:

**1. Cultive una mentalidad positiva:** Adoptar una mentalidad positiva te ayuda a afrontar los desafíos con optimismo y confianza. En lugar de centrarse en las dificultades, concéntrese en las soluciones y oportunidades de crecimiento.

**2. Establezca metas realistas:** Establece objetivos claros y alcanzables que te guíen en tiempos difíciles. Tener objetivos específicos te ayuda a mantenerte concentrado y motivado, incluso cuando enfrentas obstáculos.

**3. Practica la autocompasión:** Sea amable consigo mismo en los momentos difíciles. La autocompasión implica reconocer tus emociones y ofrecerte el apoyo que necesitas para afrontar los desafíos.

**4. Busque apoyo:** No enfrentes los desafíos solo. Buscar el apoyo de amigos, familiares o mentores puede ofrecer perspectiva, aliento y ayuda práctica en tiempos difíciles.

**5. Aprenda de la adversidad:** Vea las dificultades como oportunidades para aprender y crecer. Analiza qué salió mal y cómo puedes mejorar en el futuro. La experiencia adquirida es valiosa para desarrollar la resiliencia.

## El arte de la adaptabilidad

La adaptabilidad es la capacidad de adaptarse a los cambios y evolucionar según sea necesario. En un mundo que siempre está cambiando, ser adaptable es fundamental para el éxito. La adaptabilidad le permite adaptarse a nuevas circunstancias, innovaciones y oportunidades.

**1. Aceptar cambio:** En lugar de resistirse al cambio, acéptelo como una parte natural del proceso. La aceptación es el primer paso para adaptarse y aprovechar las nuevas oportunidades que surgen.

**2. Manténgase informado:** Manténgase actualizado con las tendencias y cambios en su industria. Manténgase al día con noticias e innovaciones relevantes para ajustar sus estrategias y mantenerse competitivo.

**3. Desarrollar habilidades sociales:** Cultivar habilidades que sean transferibles y aplicables en diferentes contextos. La versatilidad de tus habilidades te permite adaptarte a nuevas situaciones y desafíos.

**4. Pruebe nuevos enfoques:** No tenga miedo de probar nuevos enfoques y soluciones. La voluntad de experimentar puede conducir a descubrimientos valiosos y mejoras significativas.

**5. Evaluar y ajustar:** Evalúe periódicamente su progreso y haga los ajustes necesarios. La capacidad de revisar sus estrategias y adaptarse a nueva información es crucial para el éxito continuo.

## Superar las barreras a la resiliencia y la adaptabilidad

Incluso con la intención de ser resiliente y adaptable, es posible que encuentre barreras que dificulten el proceso. Identificar y superar estas barreras es esencial para fortalecer su capacidad para enfrentar los desafíos.

**1. Miedo al fracaso:** El miedo al fracaso puede impedirle probar nuevos enfoques y adaptarse a los cambios. Enfrente este miedo con una mentalidad positiva y centrada en el aprendizaje.

**2. Rigidez Mental:** La rigidez mental puede limitar su capacidad de adaptarse al cambio. Adopte una mentalidad abierta y esté dispuesto a revisar sus creencias y estrategias.

**3. Falta de apoyo:** La falta de apoyo puede dificultar la adaptación. Busque conexiones y apoyo para obtener perspectiva y ayuda en tiempos de cambio.

**4. Resistencia al cambio:** La resistencia al cambio es común, pero se puede superar con una mentalidad proactiva y la voluntad de explorar nuevas posibilidades.

## Ejemplos de resiliencia y adaptabilidad

A continuación se muestran algunos ejemplos de personas y organizaciones que han demostrado resiliencia y adaptabilidad:

**1. Nelson Mandela:** Nelson Mandela es un ejemplo de resiliencia al pasar 27 años en prisión y luego liderar la lucha contra el apartheid en Sudáfrica. Su capacidad para adaptarse a las circunstancias y permanecer firme en su misión ha inspirado a muchas personas en todo el mundo.

**2. Netflix:** Netflix es un ejemplo de adaptabilidad en el mundo empresarial. La empresa comenzó como un servicio de alquiler de DVD y evolucionó hasta convertirse en un gigante del streaming de medios, adaptándose a los cambios en el comportamiento de los consumidores y a las tecnologías emergentes.

Estos ejemplos muestran cómo la resiliencia y la adaptabilidad pueden conducir al éxito, incluso frente a grandes desafíos y cambios.

## Aplicando la ley de resiliencia y adaptabilidad en tu vida

Para aplicar la Ley de Resiliencia y Adaptabilidad, considere las siguientes prácticas:

1.

   **Enfrente los desafíos con valentía:** Dirígete a ellos desafíos con una mentalidad positiva y segura. verlos como oportunidades para crecer y aprender.
2. **Adaptarse a los cambios:** Estar abierto a cambios y ajuste sus estrategias según sea necesario. EL La flexibilidad es esencial para seguir siendo competitivo y lograr tus objetivos.
3. **Cultivar el apoyo y la colaboración:** Buscar el apoyo de mentores, colegas y redes. la colaboracion puede ofrecer nuevas perspectivas y soluciones a los desafíos complejos.
4. **Manténgase enfocado en el crecimiento:** Utilizar Adversidades como oportunidades para desarrollar tus habilidades. y mejorar tus estrategias. El aprendizaje continuo es parte vital para la

resiliencia.

La Ley de Resiliencia y Adaptabilidad es crucial para afrontar los desafíos y cambios inevitables en su viaje hacia el éxito y la riqueza duradera. Cultivar la resiliencia te permite enfrentar la adversidad con coraje y determinación, mientras que la adaptabilidad te ayuda a adaptarte a los cambios y aprovechar nuevas oportunidades. Al aplicar estas prácticas y estrategias, estará mejor preparado para superar los desafíos y continuar avanzando en su viaje hacia el éxito.

En el próximo capítulo, exploraremos la Ley de la Inteligencia Emocional y las Relaciones, y cubriremos cómo gestionar sus emociones y construir relaciones saludables y productivas. A medida que avanzamos, recuerde que la resiliencia y la adaptabilidad son herramientas poderosas que le permitirán mantenerse encaminado para alcanzar sus objetivos y desarrollar todo su potencial.

# 10: LA DÉCIMA LEY – LA LEY DE LA INTELIGENCIA EMOCIONAL Y LAS RELACIONES

En el camino hacia el éxito y la riqueza duradera, la capacidad de gestionar sus emociones y cultivar relaciones saludables juega un papel crucial. La Ley de Inteligencia Emocional y Relaciones resalta la importancia de comprender y controlar tus emociones, así como de construir y mantener conexiones positivas y productivas con los demás. En este capítulo, exploraremos cómo la inteligencia emocional puede afectar su éxito y cómo puede fortalecer sus relaciones personales y profesionales para lograr sus objetivos.

## La importancia de la inteligencia emocional

La inteligencia emocional (IE) se refiere a la capacidad de reconocer, comprender y gestionar las propias emociones, así como reconocer e influir en las emociones de los demás. La IE es fundamental para el éxito personal y profesional porque afecta la forma en que se comunica, resuelve conflictos y construye relaciones.

**1. Autoconocimiento:** Ser consciente de tus propias emociones y comprender cómo afectan tu comportamiento es el primer paso para desarrollar la inteligencia emocional. El autoconocimiento le permite tomar decisiones más informadas y responder a situaciones de manera más efectiva.

**2. Autocontrol:** La capacidad de controlar sus emociones y reacciones es esencial para mantener la calma y la claridad en situaciones desafiantes. El autocontrol le ayuda a evitar respuestas impulsivas y a afrontar el estrés de forma constructiva.

**3. Empatía:** Comprender las emociones de los demás y ponerse en su lugar es fundamental para construir relaciones sólidas y de colaboración. La empatía te permite comunicarte de manera más efectiva y resolver conflictos con sensibilidad y comprensión.

**4. Habilidades Sociales:** La inteligencia emocional también implica la capacidad de gestionar interacciones sociales y construir redes de contacto. Las habilidades sociales, como la comunicación eficaz, la resolución de conflictos y la construcción de relaciones, son esenciales para el éxito en entornos profesionales y personales.

## Desarrollar la inteligencia emocional

La inteligencia emocional se puede desarrollar y mejorar con práctica y atención. Aquí hay algunas estrategias para fortalecer su IE:

**1. Practica la autoconciencia:** Tómate el tiempo para reflexionar sobre tus emociones y cómo influyen en tu comportamiento. Técnicas como la meditación y llevar un diario pueden ayudar a aumentar la autoconciencia.

**2. Trabajar el autocontrol:** Desarrolla técnicas para gestionar tus emociones en momentos de estrés. Estrategias como respirar profundamente, hacer una pausa antes de reaccionar y practicar la atención plena pueden ayudar a mantener el autocontrol.

**3. Cultivar la empatía:** Practique la escucha activa y trate de comprender las perspectivas y sentimientos de los demás. Las preguntas abiertas y la observación de expresiones no verbales son herramientas útiles para desarrollar la empatía.

**4. Mejora tus habilidades sociales:** Invierta en habilidades de comunicación y resolución de conflictos. Participar en capacitaciones y talleres sobre habilidades interpersonales puede mejorar sus habilidades sociales.

## Construyendo relaciones saludables

Las relaciones sanas son fundamentales para el éxito y la satisfacción personal. Construir y mantener conexiones positivas con amigos, familiares y colegas puede brindar apoyo, oportunidades y un sentido de pertenencia.

**1. Comunicación efectiva:** La comunicación clara y abierta es la base de unas relaciones sanas. Expresa tus ideas y sentimientos con honestidad y respeto, y mantente dispuesto a escuchar a los demás.

**2. Resolución de conflictos:** Los conflictos son inevitables en cualquier relación. Afrontar los conflictos con una actitud constructiva, buscando soluciones que satisfagan las necesidades de todas las partes involucradas.

**3. Generar confianza:** La confianza es esencial para las relaciones duraderas. Sea coherente, cumpla sus promesas y muestre integridad en sus acciones.

**4. Muestra de agradecimiento:** Expresar gratitud y aprecio por los demás. Pequeños gestos de agradecimiento, como un agradecimiento o un cumplido sincero, fortalecen los vínculos y promueven un ambiente positivo.

## Gestión de relaciones profesionales

En el lugar de trabajo, la inteligencia emocional y las relaciones sanas son esenciales para el éxito. A continuación se ofrecen algunos consejos para gestionar las relaciones profesionales de forma eficaz:

**1. Construya redes de contactos:** Desarrollar y mantener una red de contactos profesionales. Asista a eventos de networking y esté abierto a oportunidades de colaboración.

**2. Mantenga el profesionalismo:** Incluso en situaciones difíciles, mantenga una actitud profesional. Evite los chismes y manténgase enfocado en objetivos y soluciones.

**3. Busque comentarios:** Solicite y ofrezca comentarios de manera constructiva. La retroalimentación ayuda a mejorar el desempeño y fortalecer las relaciones profesionales.

**4. Resuelva los conflictos de forma proactiva:** Abordar los conflictos y desacuerdos de forma directa y respetuosa. Buscar soluciones que beneficien a todas las partes involucradas y mantener una actitud colaborativa.

## El impacto de la falta de inteligencia emocional y de relaciones

La falta de inteligencia emocional y de relaciones saludables puede tener consecuencias negativas para su éxito y bienestar. Éstos son algunos de los posibles impactos:

**1. Dificultades de comunicación:** La falta de habilidades comunicativas puede provocar malentendidos y conflictos, dañando las relaciones personales y profesionales.

**2. Problemas de relación:** La falta de empatía y de habilidades interpersonales puede dar lugar a relaciones tensas y poco cooperativas.

**3. Estrés y agotamiento:** La incapacidad para gestionar las emociones y los conflictos puede contribuir a altos niveles de estrés y agotamiento, afectando su salud y productividad.

## Ejemplos de inteligencia emocional y relaciones

A continuación se muestran algunos ejemplos de personas y organizaciones que han demostrado inteligencia emocional y han construido relaciones positivas:

**1. Oprah Winfrey:** Oprah Winfrey es conocida por su capacidad para conectarse emocionalmente con los demás y crear relaciones profundas. Su empatía y capacidad de comunicación han jugado un papel crucial en su éxito como presentadora y empresaria.

**2.Google:** Google promueve un ambiente de trabajo colaborativo y positivo, fomentando la comunicación abierta y el desarrollo de habilidades interpersonales. La empresa valora la inteligencia emocional como parte de su cultura organizacional.

Estos ejemplos resaltan cómo la inteligencia emocional y las relaciones saludables son esenciales para el éxito y la realización personal y profesional.

## Aplicando la Ley de la Inteligencia Emocional y las Relaciones en tu Vida

Para aplicar la Ley de Inteligencia Emocional y de Relaciones, considere las siguientes prácticas:

1. **Desarrolla tu Inteligencia Emocional:** Invierte tiempo y esfuerzo en desarrollar tu inteligencia emocional. Practica el autoconocimiento, el autocontrol y la empatía. para mejorar sus interacciones con los demás.
2. **Construya y mantenga relaciones saludables:** Cultive conexiones positivas y significativas en su vida personal y profesional. Invierta en comunicación efectiva y resolución de problemas. conflictos y generar confianza.
3. **Gestionar Relaciones Profesionales:** Desarrollar habilidades para establecer contactos, mantener el profesionalismo y buscar comentarios constructivos para fortalecer sus relaciones en ambiente de trabajo.
4. **Enfrente desafíos con inteligencia emocional:** Utiliza tu inteligencia emocional para gestionar situaciones desafíos y mantener una actitud positiva y constructiva.

La Ley de la Inteligencia Emocional y las Relaciones es fundamental para el éxito y la realización personal y profesional. Desarrollar la inteligencia emocional te permite gestionar tus emociones y construir relaciones sanas y productivas. Al aplicar estas prácticas y estrategias, estará mejor preparado para enfrentar desafíos, colaborar de manera efectiva y lograr sus objetivos.

En el próximo capítulo, exploraremos la Ley de Innovación y Creatividad, y cubriremos cómo estimular la innovación y la creatividad para destacar y lograr el éxito en un mercado competitivo. Mientras continuamos nuestro viaje a través de las leyes que gobiernan la riqueza duradera, recuerde que la inteligencia emocional y las relaciones son herramientas poderosas que contribuyen a una vida equilibrada y exitosa.

# CAPÍTULO 11: LA UNDÉCIMA LEY – LA LEY DE LA INNOVACIÓN Y LA CREATIVIDAD

En un mundo que evoluciona constantemente, la innovación y la creatividad son esenciales para destacar y alcanzar el éxito sostenible. La Ley de Innovación y Creatividad aborda la importancia de cultivar una mentalidad innovadora y fomentar la creatividad para resolver problemas y aprovechar oportunidades. En este capítulo, exploraremos cómo generar innovación y creatividad, aplicarlas de manera práctica e integrarlas en su viaje hacia una riqueza duradera.

**La importancia de la innovación y la creatividad**

La innovación es el proceso de introducir algo nuevo o mejorar significativamente algo que ya existe. La creatividad, a su vez, es la capacidad de pensar de forma original y generar ideas nuevas y valiosas. Ambos son cruciales para el éxito en cualquier campo, ya que le permiten adaptarse al cambio, resolver problemas de manera innovadora y aprovechar oportunidades que otros pueden perder.

**1. Diferenciación y Competitividad:** En un mercado saturado, la innovación y la creatividad ayudan a diferenciar su oferta y crear una ventaja competitiva. Los productos y servicios innovadores atraen clientes y se destacan de la competencia.

**2. Solución de problemas:** La creatividad es clave para encontrar soluciones nuevas y efectivas a problemas complejos. Pensar fuera de lo común le permite abordar los desafíos de maneras poco convencionales y encontrar respuestas que otros pueden haber pasado por alto.

**3. Adaptación a los cambios:** La capacidad de innovar y ser creativo te ayuda a adaptarte a los cambios y aprovechar las nuevas tendencias. La innovación le permite mantenerse relevante y competitivo en un entorno en constante evolución.

## Estimular la creatividad

La creatividad puede estimularse y mejorarse mediante prácticas y técnicas específicas. A continuación se muestran algunas estrategias para fomentar la creatividad:

**1. Cree un entorno inspirador:** El entorno en el que trabajas puede influir en tu creatividad. Crea un espacio inspirador y libre de distracciones, con elementos que estimulen la imaginación, como obras de arte, plantas y luz natural.

**2. Dé tiempo para la reflexión:** Date tiempo para pensar y reflexionar. Actividades como caminar, meditar o el tiempo libre pueden ayudar a liberar la mente y permitir que fluyan las ideas creativas.

**3. Practica el pensamiento divergente:** El pensamiento divergente implica generar múltiples soluciones a un problema en lugar de buscar una única respuesta. Utilice técnicas como la lluvia de ideas y los mapas mentales para explorar diferentes perspectivas e ideas.

**4. Pruebe nuevas experiencias:** La exposición a nuevas experiencias y perspectivas puede estimular la creatividad. Viajar, aprender nuevas habilidades y explorar diferentes áreas de interés pueden proporcionar nuevas fuentes de inspiración.

**5. Acepte y aprenda de los errores:** No tengas miedo de cometer errores y fracasar. La experimentación y aprender del fracaso son partes esenciales del proceso creativo. Utilice los errores como oportunidades para mejorar y ajustar sus enfoques.

## Aplicar la innovación en la práctica

Para que la innovación sea eficaz, es importante aplicarla de forma práctica y estratégica. A continuación se muestran algunas formas de integrar la innovación en sus actividades:

**1. Desarrollar un Plan de Innovación:** Crea un plan estratégico que defina cómo pretendes incorporar la innovación a tus proyectos. Establezca objetivos claros, identifique áreas de mejora y asigne recursos para impulsar la innovación.

**2. Fomentar la innovación en equipo:** Si trabajas en equipo, crea una cultura que fomente la innovación. Fomentar el intercambio de ideas, premiar la creatividad y ofrecer un entorno donde todos se sientan libres de aportar sugerencias y soluciones.

**3. Utilice tecnología y herramientas innovadoras:** Aprovechar la tecnología y las herramientas modernas para impulsar la innovación. El software, las plataformas digitales y las nuevas tecnologías pueden facilitar la creación e implementación de soluciones innovadoras.

**4. Realizar Pruebas y Prototipos:** Antes de lanzar una nueva idea o producto, crea prototipos y pruébalo. Esto le permite validar sus ideas, identificar problemas y realizar ajustes antes de la implementación completa.

**5. Evaluar y ajustar:** Evalúe periódicamente el impacto de las innovaciones que ha implementado. Supervise los resultados, recopile comentarios y realice los ajustes necesarios para garantizar que sus innovaciones alcancen los objetivos deseados.

## Superar las barreras a la innovación

La innovación puede enfrentar varias barreras, desde la resistencia al cambio hasta las limitaciones de recursos. Identificar y superar estas barreras es crucial para implementar con éxito nuevas ideas y soluciones.

**1. Resistencia al cambio:** La resistencia al cambio es común, especialmente en entornos tradicionales. Involucrar a las partes interesadas desde el principio, comunicar los beneficios de la innovación y brindar apoyo durante la transición.

**2. Funciones limitadas:** La falta de recursos puede ser una barrera para la innovación. Busque formas de maximizar los recursos disponibles, como asociaciones, colaboraciones y financiación externa, para implementar sus ideas.

**3. Falta de tiempo:** El tiempo es un recurso valioso y la innovación puede retrasarse debido a otras prioridades. Prioriza la innovación como parte de tu estrategia y dedica tiempo específico a explorar y desarrollar nuevas ideas.

**4. Miedo al fracaso:** El miedo al fracaso puede inhibir la innovación. Afronta este miedo con una mentalidad de aprendizaje y experimentación. Recuerde que el fracaso es una parte natural del proceso innovador y ofrece oportunidades de crecimiento.

## Ejemplos de innovación y creatividad

A continuación se muestran algunos ejemplos de personas y organizaciones que se han destacado por su capacidad de innovar y ser creativos:

**1. Steve Jobs y Apple:** Steve Jobs revolucionó la tecnología y el diseño con Apple, introduciendo productos innovadores como el iPhone y el iPad. Su enfoque visionario y su enfoque en la innovación han transformado a Apple en una de las empresas más valiosas del mundo.

**2. Tesla y Elon Musk:** Elon Musk, fundador de Tesla, es conocido por su enfoque innovador en el sector de los coches eléctricos. Tesla ha sido pionera en vehículos eléctricos y tecnologías de energía renovable, desafiando el status quo de la industria automotriz.

Estos ejemplos ilustran cómo la innovación y la creatividad pueden transformar industrias y crear importantes oportunidades.

## Aplicando la ley de la innovación y la creatividad en tu vida

Para aplicar la Ley de Innovación y Creatividad se consideran las siguientes prácticas:

1. **Cultivar un entorno creativo:** Crea uno ambiente que estimula la creatividad y permite la exploración de nuevas ideas. Mantenga un espacio inspirador y dedique tiempo a reflexión y experimentación.
2. **Incorpora la innovación a tu estrategia:** Desarrollar un plan para integrar la innovación en sus actividades y proyectos. Fomentar la creatividad y utilizar herramientas modernas. para apoyar el proceso innovador.
3. **Enfrente las barreras con resiliencia:** Identificar y superar barreras a la innovación, como la resistencia a Cambio y falta de recursos. Mantener una mentalidad positiva y adaptable para superar desafíos y alcanzar el éxito.
4. **Aprenda de ejemplos inspiradores:** Estudiar historias de éxito y ejemplos de innovación para inspirarse y perspectivas. Adapte las lecciones aprendidas a su propio viaje de innovación y creatividad.

La Ley de Innovación y Creatividad es fundamental para el éxito en un mundo en constante cambio. Cultivar la creatividad y aplicar la innovación de manera práctica le permite destacar, resolver problemas de manera efectiva y aprovechar oportunidades únicas. Al implementar estas prácticas y estrategias, estará mejor preparado para enfrentar desafíos, explorar nuevas posibilidades y lograr sus objetivos de una manera innovadora.

En el próximo capítulo, exploraremos la Ley de Estrategia y Planificación, y cubriremos cómo desarrollar e implementar planes estratégicos para lograr sus objetivos a largo plazo. A medida que avanzamos en nuestro viaje a través de las leyes que gobiernan la riqueza duradera, recuerde que la innovación y la creatividad son herramientas poderosas que contribuyen a un camino de éxito y realización.

# CAPÍTULO 12: LA DUODÉCIMA LEY – LA LEY DE LA ESTRATEGIA Y LA PLANIFICACIÓN

Crear un futuro de éxito y riqueza duradera requiere algo más que trabajo duro y dedicación. La Ley de Estrategia y Planificación resalta la importancia de desarrollar un plan estratégico claro y bien estructurado para lograr sus objetivos a largo plazo. En este capítulo, exploraremos cómo construir una estrategia efectiva, establecer metas e implementar planes que guíen su camino hacia el éxito.

## La importancia de la estrategia y la planificación

La estrategia y la planificación son fundamentales para transformar sueños y visiones en logros concretos. Sin un plan claro, es fácil perderse en las actividades diarias y perder el foco en los objetivos a largo plazo. Una estrategia bien diseñada sirve como mapa, guiando tus acciones y decisiones para alcanzar tus objetivos.

**1. Definición de objetivos:** Una estrategia eficaz comienza por definir claramente sus objetivos. Estos objetivos deben ser específicos, medibles, alcanzables, relevantes y oportunos (SMART). Tener objetivos bien definidos proporciona una dirección clara y le ayuda a medir el progreso.

**2. Dirección y Enfoque:** Un plan estratégico le ayuda a mantenerse centrado en las prioridades importantes, evitando distracciones y esfuerzos dispersos. Esto garantiza que esté trabajando de manera eficiente y efectiva para lograr sus objetivos.

**3. Evaluación y Ajustes:** Una planificación cuidadosa le permite evaluar continuamente el progreso y hacer los ajustes necesarios. Esto es crucial para adaptarse a los cambios y garantizar que se mantenga encaminado para alcanzar sus objetivos.

## Desarrollar una estrategia eficaz

Desarrollar una estrategia eficaz implica varios pasos clave. A continuación se detallan algunos pasos para crear un plan estratégico sólido:

**1. Análisis de la situación:** Comience con un análisis detallado de la situación actual. Evalúe sus recursos, capacidades y desafíos. Utilice herramientas como el Análisis FODA (Fortalezas,

Debilidades, Oportunidades y Amenazas) para comprender mejor su entorno e identificar áreas de desarrollo.

**2. Definición de Metas y Objetivos:** Establece objetivos claros y específicos que quieras alcanzar. Asegúrese de que estos objetivos se alineen con su visión a largo plazo y las necesidades de su mercado o industria.

**3. Desarrollo de estrategia:** Identifique las estrategias y tácticas que se utilizarán para lograr sus objetivos. Esto puede incluir desarrollo de productos, estrategias de marketing, expansión del mercado o mejoras operativas. Las estrategias deben ser realistas y adaptables a los cambios.

**4. Implementación del Plan:** Pon tu plan en acción. Defina responsabilidades, establezca cronogramas y asigne recursos de manera efectiva. La implementación debe ser monitoreada de cerca para asegurar que todas las partes del plan se estén llevando a cabo según lo planeado.

**5. Monitoreo y Evaluación:** Supervise periódicamente el progreso con respecto a sus objetivos y metas. Evaluar el desempeño y realizar los ajustes necesarios. La revisión periódica permite identificar problemas y oportunidades para mejorar la estrategia.

## Establecer metas y objetivos

Establecer metas y objetivos claros es una parte esencial de la planificación estratégica. A continuación se ofrecen algunos consejos para establecer objetivos eficaces:

**1. Metas INTELIGENTES:** Asegúrese de que sus objetivos sean INTELIGENTES: específicos, mensurables, alcanzables, relevantes y con plazos determinados. Los objetivos SMART proporcionan un marco claro y práctico para alcanzar sus objetivos.

**2. Metas a Corto y Largo Plazo:** Divide tus metas en objetivos a corto y largo plazo. Las metas a corto plazo lo ayudan a mantener el enfoque diario y brindan hitos intermedios, mientras que las metas a largo plazo guían su visión y estrategia generales.

**3. Seguimiento del progreso:** Establezca métricas e indicadores para realizar un seguimiento del progreso hacia sus objetivos. Esto le permite evaluar el rendimiento y realizar los ajustes necesarios para asegurarse de que está en el camino correcto.

**4. Revisión y Ajustes:** Revise sus metas y objetivos con regularidad para asegurarse de que sigan siendo relevantes y alineados con su visión. Haga los ajustes necesarios para adaptarse a las circunstancias o prioridades cambiantes.

## Implementación y ejecución del plan

La implementación efectiva del plan es crucial para lograr sus objetivos. A continuación se detallan algunos pasos para garantizar una ejecución exitosa:

**1. Definición de Responsabilidades:** Asigne responsabilidades claras a los miembros del equipo o partes involucradas. Asegúrese de que todos comprendan sus funciones y responsabilidades en el proceso de implementación.

**2. Asignación de recursos:** Asigne los recursos necesarios, como tiempo, dinero y personal, para garantizar la ejecución exitosa del plan. La gestión eficaz de los recursos es esencial para el éxito.

**3. Establecimiento de Horarios:** Establecer cronogramas y plazos para implementar estrategias. Esto ayuda a mantener el progreso encaminado y garantiza que los pasos del plan se completen según lo programado.

**4. Comunicación y Coordinación:** Mantener una comunicación abierta y efectiva entre todos los involucrados en la implementación del plan. Una coordinación adecuada garantiza que todos estén alineados y trabajando hacia los mismos objetivos.

## Monitoreo y evaluación del progreso

Monitorear y evaluar el progreso es una parte esencial de la planificación estratégica. A continuación se presentan algunas prácticas para garantizar una evaluación eficaz:

**1. Establecimiento de Indicadores de Desempeño:** Establezca indicadores de desempeño para medir el progreso hacia sus objetivos. Estos indicadores pueden incluir métricas financieras, de mercado u operativas, según los objetivos.

**2. Recopilación y análisis de datos:** Recopile datos relevantes y analícelos para evaluar el desempeño. Utilice herramientas analíticas para identificar tendencias, patrones y áreas de mejora.

**3. Revisión periódica:** Realizar revisiones periódicas del progreso y ajustar la estrategia según sea necesario. La revisión periódica le permite identificar problemas y realizar ajustes para mantener el plan encaminado.

**4. Comentarios y ajustes:** Solicite comentarios de las partes interesadas y realice ajustes en función de la información recibida. La retroalimentación puede proporcionar información valiosa para mejorar la eficacia del plan.

## Superar los desafíos en la planificación estratégica

Incluso con una planificación cuidadosa, es posible que enfrente desafíos en el camino. A continuación se presentan algunas estrategias para superar obstáculos comunes:

**1. Incertidumbres y Cambios:** Las incertidumbres y los cambios son inevitables. Mantener un enfoque flexible y adaptable para ajustar el plan según sea necesario y afrontar nuevos desafíos.

**2. Resistencia al cambio:** La resistencia al cambio puede ser un obstáculo importante. Comunique claramente los beneficios del plan e involucre a las partes interesadas en el proceso para obtener apoyo y reducir la resistencia.

**3. Falta de recursos:** La falta de recursos puede limitar la capacidad de implementar el plan. Busque alternativas, como asociaciones o financiación adicional, para asegurarse de tener los recursos que necesita.

**4. Problemas de ejecución:** Los problemas de ejecución pueden ocurrir debido a fallas en la comunicación o coordinación. Revisar los procesos de implementación y realizar ajustes para mejorar la eficiencia y eficacia.

## Ejemplos de estrategia y planificación exitosas

A continuación se muestran algunos ejemplos de personas y organizaciones que han ejemplificado una estrategia y planificación exitosas:

**1. Amazon y Jeff Bezos:** Jeff Bezos desarrolló una estrategia a largo plazo para Amazon, centrándose en la innovación, la experiencia del cliente y la expansión global. Una planificación cuidadosa y una ejecución eficaz ayudaron a transformar a Amazon en una de las empresas de comercio electrónico más grandes del mundo.

**2. Toyota y el Sistema de Producción Toyota:** El Sistema de Producción Toyota es un ejemplo de planificación estratégica exitosa en la industria automotriz. Toyota ha desarrollado una estrategia centrada en la eficiencia, la calidad y la mejora continua, consolidándose como líder en el sector.

## Aplicando la ley de la estrategia y la planificación en tu vida

Para aplicar la Ley de la Estrategia y la Planificación en tu vida, considera las siguientes prácticas:

1. 
    **Desarrollar un plan estratégico:** Crea uno Plan estratégico claro para lograr sus objetivos a largo plazo. término. Establecer objetivos, desarrollar estrategias e implementar acciones. para lograr tus objetivos.
2. **Establezca objetivos INTELIGENTES:** Defina metas Específico, mensurable, alcanzable, relevante y con plazos determinados. para guiar su progreso y asegurarse de que va por buen camino bien.
3. **Monitorear y evaluar el progreso:** Sigue el progresar hacia sus objetivos y hacer ajustes según sea necesario. necesario. Utilice indicadores de desempeño y recopilación de datos para evaluar la efectividad del plan.
4. **Adaptarse a los cambios:** Mantenga un enfoque flexible y adaptativo para enfrentar desafíos y cambios. Revise y ajuste su plan según sea necesario para garantizar éxito continuo.

La Ley de Estrategia y Planificación es fundamental para lograr el éxito y la riqueza duradera. Desarrollar una estrategia clara y bien estructurada, establecer objetivos e implementar planes efectivos son pasos esenciales para convertir su visión en realidad. Al aplicar estas prácticas y estrategias, estará mejor preparado para lograr sus objetivos y crear un futuro exitoso.

En el próximo capítulo, exploraremos la Ley de Sostenibilidad y Responsabilidad Social, cubriendo la importancia de integrar prácticas sostenibles y responsables en su viaje hacia una riqueza duradera. A medida que avanzamos en nuestra exploración de las leyes que gobiernan la riqueza, recuerde que una estrategia y una planificación sólidas son la base de un camino exitoso y gratificante.

# CAPÍTULO 13: LA LEY DÉCIMO TERCERA - LA LEY DE SOSTENIBILIDAD Y RESPONSABILIDAD SOCIAL

En el escenario actual, la riqueza duradera va más allá del éxito financiero inmediato. La Ley de Sostenibilidad y Responsabilidad Social destaca la importancia de integrar prácticas sostenibles y responsables en su camino hacia el éxito. Este capítulo explorará cómo adoptar un enfoque sostenible y responsable no solo contribuye al bienestar del planeta y la sociedad, sino que también fortalece su posición como líder ético e innovador.

## El Concepto de Sostenibilidad y Responsabilidad Social

**Sostenibilidad** Se refiere a la capacidad de satisfacer las necesidades presentes sin comprometer la capacidad de las generaciones futuras para satisfacer sus propias necesidades. Implica la gestión eficiente de los recursos naturales, la reducción de los impactos ambientales y la promoción de prácticas que apoyen la salud y el equilibrio del ecosistema.

**Responsabilidad Social** Se refiere al compromiso de las empresas y de los individuos de actuar éticamente y contribuir positivamente a la sociedad. Esto incluye promover condiciones laborales justas, apoyar causas sociales y colaborar con las comunidades para mejorar la calidad de vida.

## La importancia de la sostenibilidad

Adoptar prácticas sustentables es esencial para asegurar la continuidad de los recursos naturales y la salud del medio ambiente. Además, la sostenibilidad ofrece una serie de beneficios para empresas y particulares:

**1. Preservación de los Recursos Naturales:** Las prácticas sostenibles ayudan a preservar los recursos naturales, asegurando que estén disponibles para las generaciones futuras. Esto incluye la gestión responsable del agua, la energía y los materiales.

**2. Reducción de Costos:** La eficiencia energética y la reducción de residuos pueden reducir los costos operativos. La inversión en tecnologías y procesos sostenibles a menudo resulta en ahorros a largo plazo.

**3. Mejora de la imagen y la reputación:** Las empresas y las personas que adoptan prácticas sostenibles obtienen una reputación positiva y atraen a consumidores e inversores que valoran la responsabilidad ambiental. Esto puede resultar en ventajas competitivas y una mayor lealtad.

**4. Cumplimiento Normativo:** El cumplimiento de las normas medioambientales y sociales es una obligación legal en muchos países. La adopción de prácticas sostenibles ayuda a evitar sanciones y litigios asociados al incumplimiento.

## Integrando la sostenibilidad en su negocio

Para integrar la sostenibilidad en su negocio, considere las siguientes prácticas:

**1. Análisis del ciclo de vida:** Realice un análisis del ciclo de vida de sus productos y servicios para identificar oportunidades de reducción de impactos ambientales. Evaluar desde la extracción de materias primas hasta su disposición final.

**2. Implementación de Tecnologías Eficientes:** Invertir en tecnologías que promuevan la eficiencia energética y reduzcan las emisiones. Esto puede incluir sistemas de energía renovable, equipos de bajo consumo y soluciones de reciclaje.

**3. Gestión de Residuos:** Desarrollar un plan para gestionar y minimizar los residuos generados. Adoptar prácticas de reducción, reutilización y reciclaje, y fomentar la participación de los empleados en el proceso.

**4. Proveedores y Cadena de Suministro:** Trabaje con proveedores que compartan sus valores de sostenibilidad. Evaluar la cadena de suministro para garantizar que los productos y servicios adquiridos se produzcan de forma ética y sostenible.

**5. Educación y Capacitación:** Brinde capacitación y educación sobre prácticas sustentables a sus empleados. Involucrarlos en iniciativas ambientales y sociales y fomentar contribuciones a los objetivos de sostenibilidad.

## Responsabilidad Social Empresarial (RSC)

La Responsabilidad Social Corporativa (RSC) es un aspecto crucial para las empresas que quieren demostrar su compromiso con la sociedad y el medio ambiente. La RSE implica implementar prácticas que van más allá de las obligaciones legales y contribuyen al bienestar social y comunitario.

**1. Apoyo a Causas Sociales:** Involúcrate en proyectos e iniciativas que beneficien a las comunidades locales y causas sociales. Esto puede incluir donaciones, patrocinios y asociaciones con organizaciones sin fines de lucro.

**2. Condiciones de trabajo justas:** Promocione un ambiente de trabajo seguro y justo para sus empleados. Garantizar salarios justos, beneficios adecuados y oportunidades de desarrollo profesional.

**3. Transparencia y Ética:** Mantener altos estándares de transparencia y ética en sus operaciones. Comunique claramente sus prácticas y políticas y sea responsable de sus acciones y decisiones.

**4. Participación comunitaria:** Participar activamente en la comunidad local y establecer relaciones positivas con las partes interesadas. Involúcrate en eventos comunitarios y apoya iniciativas que promuevan el desarrollo local.

## Beneficios de la Responsabilidad Social

Adoptar prácticas de responsabilidad social aporta una serie de beneficios a empresas y particulares:

**1. Reputación e Imagen Positiva:** Las empresas que participan en actividades responsables obtienen una reputación positiva y son mejor evaluadas por consumidores e inversores. Esto puede resultar en una mayor lealtad y atractivo para nuevas empresas.

**2. Mejorar las relaciones con las partes interesadas:** La responsabilidad social mejora las relaciones con los clientes, empleados, proveedores y otras partes interesadas. Esto da como resultado una mayor confianza y colaboración.

3. **Acceso a Nuevos Mercados:** La responsabilidad social puede abrir puertas a nuevos mercados y oportunidades de negocio. Los consumidores e inversores buscan cada vez más empresas que compartan sus valores y compromisos sociales.

4. **Satisfacción y compromiso de los empleados:** Los empleados tienden a sentirse más comprometidos y satisfechos cuando trabajan para una empresa que demuestra un compromiso con la responsabilidad social y el bienestar de la comunidad.

## Ejemplos de sostenibilidad y responsabilidad social

A continuación se muestran algunos ejemplos inspiradores de cómo empresas e individuos han integrado prácticas de sostenibilidad y responsabilidad social:

1.**Patagonia:** La Patagonia es conocida por su compromiso con la sostenibilidad y la responsabilidad social. La empresa utiliza materiales reciclados en sus productos, promueve prácticas de comercio justo y participa en campañas medioambientales.

2. **Ben y Jerry's:** Ben & Jerry's adopta prácticas socialmente responsables, apoyando causas como la justicia social y ambiental. La empresa utiliza ingredientes de comercio justo y promueve la sostenibilidad en sus operaciones.

3. **TOMAS:** TOMS es famosa por su modelo de negocio "Uno por uno", en el que por cada par de zapatos vendido, la empresa dona un par a un niño necesitado. Además, TOMS apoya varias

iniciativas con impacto social y ambiental.

## Aplicando la Ley de Sostenibilidad y Responsabilidad Social en tu Vida

Para aplicar la Ley de Sostenibilidad y Responsabilidad Social en tu vida, considera las siguientes prácticas:

1. **Adoptar prácticas sostenibles:** Incorporar prácticas sustentables en sus actividades diarias, como la reducción consumo de recursos, reciclaje y apoyo a iniciativas medioambientales.
2. **Involúcrate en causas sociales:** Causas de apoyo social y participar en actividades que beneficien a su comunidad. Contribuya con su tiempo, habilidades y recursos a causas que le interesen. valores.
3. **Promover la ética y la transparencia:** Mantener altos estándares de ética y transparencia en sus interacciones y decisiones. Sea responsable de sus acciones y esté dispuesto a aprender y mejorar continuamente.
4. **Edúquese e inspire a otros:** Buscar conocimiento sobre prácticas sostenibles y responsables social y compartir esta información con otros. Inhalar colegas, amigos y familiares a adoptar prácticas responsables.

La Ley de Sostenibilidad y Responsabilidad Social es fundamental para crear un futuro de riqueza duradera e impacto positivo. Integrar prácticas sostenibles y responsables no sólo contribuye a la salud del planeta y al bienestar de la sociedad, sino que también fortalece tu posición como líder ético e innovador. Al adoptar estas prácticas, no sólo logrará sus objetivos de éxito sino que también contribuirá a un mundo mejor.

En el próximo capítulo, exploraremos la Ley de Adaptabilidad y Resiliencia, y cubriremos cómo lidiar con el cambio y los desafíos de manera efectiva y mantener el éxito a largo plazo. A medida que avanzamos en nuestro recorrido por las leyes que rigen la riqueza duradera, recuerde que la sostenibilidad y la responsabilidad social son fundamentales para un camino exitoso que beneficie a todos.

# CAPÍTULO 14: LA DECIMOCUARTA LEY – LA LEY DE ADAPTABILIDAD Y RESILIENCIA

En un mundo en constante cambio, la capacidad de adaptarse y mantener la resiliencia es esencial para garantizar el éxito a largo plazo. La Ley de Adaptabilidad y Resiliencia resalta la importancia de afrontar los desafíos y cambios con flexibilidad y fortaleza. Este capítulo explora cómo cultivar estas cualidades para superar obstáculos y prosperar en medio de la incertidumbre.

## El concepto de adaptabilidad y resiliencia

**Adaptabilidad** es la capacidad de adaptarse rápidamente a nuevas condiciones y circunstancias. Implica la flexibilidad para cambiar estrategias y enfoques cuando sea necesario. **Resiliencia**, a su vez, es la capacidad de recuperarse de la adversidad y mantenerse firme ante los desafíos.

Juntas, estas cualidades le permiten afrontar el cambio, afrontar dificultades y seguir avanzando hacia sus objetivos incluso cuando surgen obstáculos inesperados.

## La importancia de la adaptabilidad

La adaptabilidad es crucial en un entorno de vida personal y empresarial en constante evolución. Con el rápido ritmo del cambio tecnológico, económico y social, ser adaptable le permite aprovechar nuevas oportunidades y minimizar los impactos negativos de cambios imprevistos.

**1. Respuesta a los cambios del mercado:** El mercado cambia constantemente y periódicamente surgen nuevas tendencias y demandas. La adaptabilidad le permite ajustar sus estrategias y productos para satisfacer las nuevas necesidades del mercado y seguir siendo competitivo.

**2. Navegación de crisis:** En tiempos de crisis, como recesiones económicas o pandemias, la adaptabilidad es esencial para ajustar las operaciones, desarrollar nuevas soluciones y proteger su posición en el mercado.

**3. Innovación y Crecimiento:** La capacidad de adaptación

promueve la innovación, permitiéndole probar nuevas ideas y enfoques. Esto puede conducir al crecimiento y la mejora continua, ayudando a crear una ventaja competitiva.

**4. Mejoras Continuas:** La adaptabilidad fomenta la búsqueda constante de mejoras y optimización. Esto garantiza que siempre esté evolucionando y adaptándose para satisfacer nuevas demandas y desafíos.

## Desarrollar la adaptabilidad

Aquí hay algunas estrategias para desarrollar y fortalecer su adaptabilidad:

**1. Cultive una mentalidad de crecimiento:** Adoptar una mentalidad de crecimiento que vea los desafíos como oportunidades de aprendizaje y desarrollo. Estar abierto a nuevas ideas y experiencias, y buscar constantemente la mejora personal y profesional.

**2. Manténgase informado:** Manténgase actualizado sobre las tendencias y cambios en su industria. Siga las noticias, asista a eventos y hable con expertos para anticiparse a los cambios y prepararse en consecuencia.

**3. Experimentar e innovar:** No tenga miedo de probar nuevos enfoques y soluciones. La innovación a menudo requiere que salgas de tu zona de confort y pruebes nuevas ideas.

**4. Aprenda de las experiencias:** Analiza tus experiencias pasadas y aprende de ellas. Evalúe qué funcionó bien y qué no, y utilice esas lecciones para ajustar sus estrategias futuras.

**5. Construya una red de apoyo:** Construya una red de contactos y apoyo que pueda brindar orientación y apoyo en tiempos de cambio. Colabora con otros profesionales y busca feedback para mejorar tu adaptabilidad.

## La importancia de la resiliencia

La resiliencia es igualmente crucial para enfrentar los desafíos y superar la adversidad. Tener resiliencia te permite mantener la motivación y seguir avanzando, incluso cuando las circunstancias son difíciles.

**1. Superación de las Adversidades:** La resiliencia permite afrontar y superar dificultades como la quiebra, el rechazo o la pérdida. Ayuda a mantener la confianza y la determinación necesarias para seguir adelante.

**2. Mantener la motivación:** En tiempos de desafíos, la resiliencia ayuda a mantener la motivación y la perseverancia. Esto garantiza que continuará trabajando para alcanzar sus objetivos incluso cuando enfrente obstáculos importantes.

**3. Recuperación rápida:** La resiliencia facilita una recuperación más rápida después de los reveses. En lugar de dejarse desanimar por los fracasos, puede levantarse y seguir adelante con determinación renovada.

**4. Manejo del estrés:** La resiliencia le ayuda a gestionar el estrés y la presión de forma más eficaz. Esto le permite mantener la claridad mental y tomar decisiones más racionales durante situaciones difíciles.

## Desarrollando resiliencia

Para cultivar la resiliencia, considere las siguientes prácticas:

**1. Fortalecer el autocuidado:** Cuida tu salud física y mental. Haga ejercicio con regularidad, mantenga una dieta equilibrada y realice actividades que promuevan el bienestar emocional, como la meditación o los pasatiempos.

**2. Mantenga una perspectiva positiva:** Cultivar una actitud positiva y optimista. Vea los desafíos como oportunidades de crecimiento y mantenga la creencia de que puede superar los obstáculos.

**3. Establezca metas realistas:** Establece objetivos realistas y alcanzables que te ayuden a mantenerte concentrado y motivado. Divida los grandes objetivos en pasos más pequeños para que el proceso sea más manejable.

**4. Desarrollar habilidades para resolver problemas:** Mejore sus habilidades de resolución de problemas para enfrentar los desafíos de manera efectiva. Practique el pensamiento crítico y la toma de decisiones para encontrar soluciones creativas a problemas complejos.

**5. Busque apoyo social:** No enfrentes los desafíos solo. Busque el apoyo de amigos, familiares o mentores que puedan ofrecerle consejos, aliento y ayuda durante los momentos difíciles.

## Ejemplos de adaptabilidad y resiliencia

A continuación se muestran algunos ejemplos inspiradores de personas y organizaciones que han demostrado adaptabilidad y resiliencia:

**1.Netflix:** Netflix ejemplifica la adaptabilidad al transformar su modelo de negocio del alquiler de DVD al streaming digital y la producción de contenido original. Esta flexibilidad ha permitido a la empresa adelantarse a los cambios en el mercado del entretenimiento.

**2. Apple y Steve Jobs:** Steve Jobs demostró resiliencia al regresar a Apple después de un período de dificultades y llevar a la empresa a un renacimiento con productos innovadores como el iPhone y el iPad. Su capacidad para superar desafíos y adaptarse al cambio fue crucial para el éxito de Apple.

**3. Airbnb:** Airbnb ha demostrado adaptabilidad durante la pandemia al ampliar su oferta para incluir experiencias virtuales y estadías prolongadas. Esto ayudó a la empresa a afrontar la crisis y seguir creciendo, incluso en un entorno adverso.

## Aplicando la ley de adaptabilidad y resiliencia en tu vida

Para aplicar la Ley de Adaptabilidad y Resiliencia en tu vida, considera las siguientes prácticas:

1. **Esté abierto al cambio:** Adopta uno enfoque flexible y esté dispuesto a ajustar sus estrategias y planes cuando sea necesario. Ver los cambios como oportunidades para aprender y crecer.
2. **Desarrollar habilidades de afrontamiento:** Cultivar habilidades de afrontamiento y resiliencia para afrontar desafíos y adversidades. Practique el autocuidado y mantenga una perspectiva positiva para superar obstáculos.
3. **Ajuste sus metas y planes:** Revisar y ajustar sus metas y planes según sea necesario para adaptarse a las nuevas circunstancias. Mantente alineado con tus objetivos, incluso cuando las condiciones cambian.
4. **Busque apoyo y orientación:** busca el apoyo de colegas, amigos o mentores al enfrentar desafíos. EL El apoyo social puede ofrecer valiosos consejos y motivación. durante tiempos difíciles.

La Ley de Adaptabilidad y Resiliencia es esencial para garantizar un éxito duradero en un entorno en constante cambio. Cultivar la capacidad de adaptarse y mantener la resiliencia le permite enfrentar desafíos y aprovechar oportunidades de manera efectiva. Al adoptar estas prácticas y desarrollar estas cualidades, estará mejor preparado para alcanzar sus objetivos y prosperar, incluso frente a la adversidad.

En el próximo capítulo, exploraremos la Ley de Continuidad y Crecimiento, y cubriremos cómo mantener y expandir el éxito a lo largo del tiempo. A medida que avanzamos en nuestro viaje a través de las leyes que gobiernan la riqueza duradera, recuerde que la adaptabilidad y la resiliencia son herramientas poderosas para lograr y sostener el éxito a largo plazo.

# CAPÍTULO 15: LA DECIMOQUINTA LEY – LA LEY DE CONTINUIDAD Y CRECIMIENTO

Al llegar al capítulo final de este libro, es esencial explorar la Ley de Continuidad y Crecimiento. Esta ley resalta la importancia de mantener el éxito alcanzado y buscar constantemente el crecimiento y la expansión. No basta con lograr una riqueza duradera; es esencial garantizar que se mantenga y se amplíe en el tiempo. Este capítulo examinará cómo aplicar los principios de continuidad y crecimiento para garantizar que su éxito sea sostenible y evolucione con el tiempo.

## El concepto de continuidad y crecimiento

**Continuidad** Se refiere a la capacidad de mantener operaciones, valores y prácticas que sustentan el éxito a largo plazo. Implica estabilidad y gestión eficaz de recursos, estrategias y procesos para garantizar que los resultados positivos no sean efímeros.

**Crecimiento** Implica una continua expansión y desarrollo. Se trata de buscar nuevas oportunidades, innovar y evolucionar para mejorar y ampliar tu éxito. El crecimiento no se trata sólo de aumento financiero, sino también de desarrollo personal, expansión de redes e innovación continua.

## La importancia de la continuidad

Mantener la continuidad es vital para garantizar que el éxito alcanzado no sea fugaz. Sin continuidad, el progreso puede perderse y los logros pueden disiparse rápidamente. Aquí hay algunas razones por las que la continuidad es crucial:

**1. Estabilidad a largo plazo:** La continuidad proporciona estabilidad y confianza, tanto para usted como para las partes interesadas involucradas. Ayuda a garantizar que el éxito no se vea interrumpido por cambios repentinos o incertidumbre.

**2. Protección de Riesgos:** Mantener prácticas continuas y consistentes ayuda a mitigar los riesgos y enfrentar los desafíos de manera más efectiva. Esto crea una base sólida para hacer frente a eventos imprevistos y cambios en el mercado.

**3. Fortalecimiento de la Marca y la Reputación:** La continuidad contribuye a construir y fortalecer la marca y la reputación. La coherencia en las prácticas y los valores refuerza la confianza y la lealtad de los clientes y socios.

**4. Mejora Continua:** La continuidad le permite perfeccionar y mejorar continuamente sus procesos, productos y servicios. Esto garantiza que siempre estará evolucionando y satisfaciendo las necesidades de los clientes de manera más efectiva.

## Estrategias para garantizar la continuidad

Para garantizar su éxito continuo, considere las siguientes estrategias:

**1. Establecer Procesos y Sistemas Eficientes:** Desarrollar procesos y sistemas bien definidos que aseguren consistencia y eficiencia en sus operaciones. Documentar los procedimientos y prácticas para que puedan replicarse y mantenerse a lo largo del tiempo.

**2. Manténgase enfocado en los valores y la misión:** Asegúrese de que sus valores y su misión sigan siendo fundamentales para todas sus operaciones y decisiones. Adherirse a los principios básicos ayuda a garantizar que se logre su visión a largo plazo.

**3. Evaluar y gestionar riesgos:** Identifique y evalúe los riesgos que pueden afectar su éxito continuo. Desarrollar planes y estrategias de contingencia para gestionar y mitigar eficazmente estos riesgos.

**4. Invertir en formación y desarrollo:** Invierte en el desarrollo continuo de tu equipo y en formación para mantener actualizadas las habilidades y conocimientos. Esto asegura que su equipo esté preparado para enfrentar nuevos desafíos y cambios.

**5. Monitorear y evaluar el desempeño:** Realice revisiones periódicas de desempeño para identificar áreas de mejora y asegurarse de que está en el camino correcto para lograr sus objetivos de continuidad. Utilice métricas e indicadores clave para medir el progreso.

## La importancia del crecimiento

El crecimiento es esencial para garantizar que continúe avanzando y evolucionando. Sin crecimiento, el éxito puede estancarse y eventualmente decaer. El crecimiento proporciona nuevas oportunidades y mantiene su posición competitiva. He aquí algunas razones por las que el crecimiento es crucial:

**1. Aprovechar las oportunidades:** El crecimiento le permite aprovechar nuevas oportunidades de mercado y ampliar su alcance. Ayuda a identificar y explorar nuevos segmentos y nichos.

**2. Innovación y Competitividad:** El crecimiento impulsa la innovación y mantiene su competitividad. Buscar constantemente formas de mejorar e innovar te ayuda a mantener tu posición en el mercado y responder a los cambios y tendencias.

**3. Expansión de la red y asociaciones:** El crecimiento le permite ampliar su red y establecer nuevas asociaciones. Esto puede conducir a colaboraciones estratégicas y nuevas oportunidades de negocio.

**4. Desarrollo personal y profesional:** El crecimiento también se refiere al desarrollo personal y profesional. Invertir en tu propio crecimiento y en la formación de tu equipo es fundamental para alcanzar nuevos niveles de éxito.

## Estrategias para promover el crecimiento

Para promover el crecimiento continuo, considere las siguientes estrategias:

**1. Establecer metas y objetivos de crecimiento:** Establecer objetivos claros y específicos para el crecimiento. Desarrollar un plan estratégico para lograr estos objetivos y monitorear periódicamente el progreso.

**2. Invertir en Investigación y Desarrollo:** Dedicar recursos a la investigación y el desarrollo para crear nuevos productos, servicios y soluciones. La innovación es fundamental para impulsar el crecimiento y mantener la competitividad.

**3. Explorar nuevos mercados y segmentos:** Identificar y explorar nuevos mercados y segmentos que puedan ofrecer oportunidades de crecimiento. Considere la expansión geográfica, la diversificación de productos y la entrada a nuevos nichos.

**4. Construir asociaciones estratégicas:** Desarrollar asociaciones estratégicas que puedan ayudar a ampliar su alcance y crear nuevas oportunidades de negocio. Colabore con otras empresas y organizaciones para aprovechar sinergias y recursos compartidos.

**5. Manténgase enfocado en la experiencia del cliente:** Mejorar constantemente la experiencia del cliente para retener y atraer nuevos clientes. La satisfacción del cliente es fundamental para el crecimiento sostenible y la construcción de una base de clientes leales.

## Ejemplos de continuidad y crecimiento

A continuación se muestran algunos ejemplos inspiradores de organizaciones que ejemplifican la continuidad y el crecimiento:

**1. Amazonas:** Amazon comenzó como una librería en línea y ha evolucionado hasta convertirse en uno de los minoristas y proveedores de servicios en la nube más grandes del mundo. La empresa continuó con su misión de brindar una experiencia de compra excepcional mientras busca constantemente oportunidades de crecimiento e innovación.

**2.Google:** Google comenzó como un motor de búsqueda y ha ampliado su cartera para incluir una amplia gama de productos y servicios, como Android, Google Cloud y YouTube. La empresa continúa con su misión de organizar la información mundial y promover el crecimiento a través de la innovación y la diversificación.

**3. Microsoft:** Microsoft ha experimentado una transformación significativa a medida que pasó de ser un proveedor de sistemas operativos a un líder en tecnología de nube e inteligencia artificial. La compañía siguió creciendo y adaptándose a los cambios del mercado, manteniendo su posición como uno de los principales actores del sector tecnológico.

## Aplicando la Ley de Continuidad y Crecimiento en tu Vida

Para aplicar la Ley de Continuidad y Crecimiento en tu vida, considera las siguientes prácticas:

1. **Establezca y mantenga rutinas eficientes:** Crear rutinas y procesos que promuevan la continuidad y la eficiencia. en tus actividades diarias. Mantenga la coherencia en su hábitos y prácticas para asegurar la estabilidad.
2. **Establezca metas de crecimiento personal y Profesional:** Establece objetivos claros para tu crecimiento personales y profesionales. Desarrollar un plan para lograr estos objetivos y estar dispuesto a ajustar sus estrategias en consecuencia necesario.

3. **Buscar oportunidades de aprendizaje y Desarrollo:** Invierta en su desarrollo continuo y Busque oportunidades de aprendizaje. Participar en cursos, talleres. y eventos que pueden contribuir a su crecimiento.
4. **Construya y mantenga relaciones positivas:** Desarrollar y mantener relaciones positivas con colegas, mentores y socios. Construyendo una red de apoyo y La colaboración puede promover oportunidades de crecimiento y éxito.

La Ley de Continuidad y Crecimiento es fundamental para garantizar que el éxito sea sostenible y evolucione en el tiempo. Mantener la continuidad proporciona estabilidad y confianza, mientras que el crecimiento impulsa la innovación y la expansión. Al adoptar estas prácticas y estrategias, puede asegurarse de que su éxito no sólo persista sino que también se expanda continuamente.

Concluimos nuestro viaje a través de las leyes de la riqueza duradera entendiendo que el éxito no es un destino, sino un viaje continuo de evolución y mejora. Aplique estas leyes a su vida y a su negocio y estará bien posicionado para lograr y mantener la riqueza duradera que desea.

A medida que avanza en su viaje, recuerde que cada ley juega un papel crucial en la construcción y el mantenimiento del éxito. Al integrar estas leyes en su vida y sus prácticas, no sólo logrará sus objetivos sino que también contribuirá a un futuro más próspero e impactante.

# CONSIDERACIONES FINALES

**El camino hacia la riqueza duradera**

Hemos llegado al final de nuestra exploración de las 7 leyes de la riqueza duradera. A lo largo de este viaje, profundizamos en principios fundamentales que pueden transformar no solo la forma en que ve la riqueza, sino también la forma en que vive su vida y conduce sus esfuerzos. Cada ley analizada en este libro representa un componente esencial para lograr y sostener el éxito a largo plazo, y es la aplicación consistente de estas leyes lo que realmente puede marcar la diferencia entre riqueza fugaz y riqueza duradera.

## Recapitulando las 7 leyes de la riqueza duradera

**1. La Ley de la Visión Clara:** La claridad de visión es el primer paso para cualquier éxito significativo. Tener una visión clara de tus objetivos y metas es fundamental para dirigir tus acciones y mantener el enfoque. Una visión bien definida proporciona la base sobre la que se construyen todas las demás leyes.

**2. La Ley de Planificación Estratégica:** La planificación estratégica le permite crear una hoja de ruta para alcanzar sus objetivos. Un plan bien diseñado ayuda a identificar oportunidades, minimizar riesgos y ajustar el rumbo cuando sea necesario. La planificación es el puente entre la visión y el logro.

**3. La Ley de Disciplina y Constancia:** La disciplina y la coherencia son los pilares que sustentan cualquier camino hacia el éxito. Sin disciplina, es fácil perderse en el camino. La coherencia garantiza que usted mantenga el rumbo incluso cuando enfrente desafíos y distracciones.

**4. La Ley de Gestión Eficiente de los Recursos:** Gestionar eficazmente los recursos, incluidos el tiempo, el dinero y la energía, es crucial para lograr y mantener la riqueza. La gestión cuidadosa y estratégica de sus recursos garantiza que siempre esté optimizado para maximizar su potencial.

**5. La Ley de Innovación y Adaptabilidad:** La capacidad de innovar y adaptarse al cambio es esencial para un crecimiento continuo. En un mundo en constante evolución, estar abierto a nuevas ideas y adaptarse rápidamente es clave para superar los desafíos y aprovechar las oportunidades emergentes.

**6. La Ley del Networking y la Colaboración:** Construir y mantener una red y colaborar con otros puede abrir puertas y crear oportunidades que no habría encontrado por su cuenta. La fuerza de una red sólida y el valor de las asociaciones estratégicas son invaluables para un éxito duradero.

**7. La Ley de Continuidad y Crecimiento:** La continuidad asegura que mantengas el éxito alcanzado, mientras que el crecimiento promueve la expansión y la evolución. Mantener prácticas continuas y buscar constantemente nuevas oportunidades es la fórmula para asegurar que el éxito sea sostenible y se expanda en el tiempo.

## Aplicar las leyes en la práctica

Para realmente aprovechar los beneficios de estas leyes, es esencial aplicarlas de manera práctica y consistente en su vida y negocio. Cada una de estas leyes se interconecta y refuerza entre sí, formando un enfoque holístico para el éxito duradero. La implementación efectiva requiere un compromiso continuo con el aprendizaje, la adaptación y la acción deliberada.

## Pensamientos finales

El camino hacia la riqueza duradera no es una línea recta. Es un viaje lleno de altibajos, desafíos y logros. Sin embargo, al integrar y aplicar las 7 leyes de la riqueza duradera, creas un mapa confiable para guiar tu viaje. Estas leyes son más que simples estrategias; son principios fundamentales que pueden ayudar a convertir los sueños en realidad y garantizar que el éxito sea sostenible y gratificante.

## El compromiso con el éxito

El compromiso con el éxito implica algo más que seguir un conjunto de reglas. Se trata de adoptar una mentalidad de crecimiento, estar dispuesto a aprender y evolucionar constantemente. Se trata de construir una base sólida con la Ley de la Visión Clara y mantener el enfoque a través de la Ley de Disciplina y Consistencia. Se trata de gestionar tus recursos de forma eficaz e innovar para adaptarte al cambio. Y, sobre todo, se trata de cultivar una red de apoyo y garantizar que el éxito se mantenga y se amplíe con el tiempo.

## El futuro está en tus manos

Ahora que cuenta con el conocimiento de las 7 leyes de la riqueza duradera, el futuro está en sus manos. Cada decisión que tomes, cada paso que des, puede guiarse por estos principios para crear un camino sostenible y significativo hacia el éxito. El poder reside en tu capacidad para aplicar estas leyes, aprender de tus experiencias y seguir creciendo.

# Cierre

Gracias por acompañarme en este viaje hacia la riqueza duradera. Espero que este libro le haya proporcionado ideas valiosas y herramientas prácticas para ayudarle a alcanzar y mantener el éxito que busca. Recuerda que la verdadera riqueza va más allá de las posesiones materiales; incluye realización personal, crecimiento continuo y tener un impacto positivo en el mundo que te rodea.

A medida que avance en su viaje, manténgase fiel a los principios que se analizan aquí y continúe explorando nuevas formas de aplicar estas leyes. El camino hacia el éxito duradero es una aventura continua y cada día es una nueva oportunidad para generar y expandir la riqueza en todas sus formas.

Le deseo éxito en su viaje y espero que encuentre prosperidad, satisfacción y realización en cada paso del camino.

---

## El poder de la aplicación

Ahora que has terminado de leer, la verdadera tarea es aplicar lo que has aprendido. Convierta las ideas y estrategias discutidas en este libro en acciones concretas. Este es el momento de comenzar a implementar las leyes de la riqueza duradera en su vida y observar la transformación que puede traer. El éxito no es sólo un destino; es un viaje continuo de aprendizaje, adaptación y crecimiento.

Aproveche las herramientas y principios que tiene ahora y utilícelos para crear una vida de éxito y satisfacción. El futuro está lleno de posibilidades y con el conocimiento y la aplicación de las 7 Leyes de la Riqueza Duradera, estás bien equipado para aprovechar estas oportunidades y alcanzar tus objetivos más ambiciosos.

Buena suerte en tu viaje y que encuentres no sólo riqueza sino también satisfacción y alegría en cada logro que encuentres en el camino.

www.ingramcontent.com/pod-product-compliance
Lightning Source LLC
Chambersburg PA
CBHW050304230526
45471CB00005B/2021